JN294394

推薦のことば

有限会社人事・労務　代表取締役
日本ＥＳ開発協会　会長

矢萩　大輔

　このたび，私が会長を務める日本ＥＳ開発協会のメンバーである，中筋宣貴氏，石川勲氏，小宮山靖行氏，そして弊社のスタッフで当協会の専務理事でもある金野美香の４名が，ＥＳクレドを中心とした「組織の絆を強め組織能力を高める書籍」を世に出すことができ，非常に嬉しく感じています。

　2000年当時，弊社では，人事制度の導入を進めながらもＥＳ（従業員満足）という考え方を世の中に広めるためにはどうすればよいのかと，一コンサルタントとして悩んでいました。
　その頃はまさにＩＴバブルの最中で，ＣＳ（顧客満足）向上に関していかにして社内で取り組み，実践していくのかということが企業の目指すべき方向でした。そのため，ＥＳ（従業員満足）という考え方は，私の顧問先ですら，「ＥＳね？給与を上げたり，福利厚生を良くしたりと，社員を甘やかすことでしょう？それより，成果主義年俸制を導入したいのだが……」と，こんな有り様でした。

　そのような目に見える金銭的報酬のみを本当に社員が望んでいるのか？現に社長である私自身はお金のためだけに働いているのか？人事制度は一体誰のためのものなのか？
　――そのような問いかけに関し，顧問先をはじめ，その頃ＥＳで一流

の経営をしていると世間で言われていた方々との対談を通して，さまざまな教えをいただいてまいりました。

特に，私がラジオのレギュラー番組に出演し，社長との対談企画を持たせていただく機会に恵まれたことは，ＥＳという考え方について理解を深める上で非常に大きなきっかけとなりました。

「真の一流と言われる会社には，必ず，ＣＳの前にＥＳという考え方が存在している。そして，社員は職場という舞台を通して，誰もが主人公となり，一人ひとりが"仕事を通した自己の成長・人生の成功"を日々意識しながら仕事をしている。」

そのようなＥＳを中心とした組織は，いかにしてつくられるのか？

その当時，リッツカールトンホテルやＪ＆Ｊといったホスピタリティが高い会社への関心が高まっており，クレドというものが新しい経営ツールとして注目されはじめていた時代でした。

実際私は，元リッツカールトン大阪　営業統括支配人の林田正光先生ともクレド作成に関し交流を深めつつ，このクレドを通してＥＳを社内に根付かせることができるのかと確信を重ねてきました。

「私が手がけるクレドとは，今までと違いＣＳ中心のクレドではない。ＥＳを中心として，社員の手で社員一人ひとりが暗黙知としてもっているものを"見える化"し，コンサルタントはそれを引き出す役目として組織の変革を促す。」

そのような過程を経て，「ＥＳクレドで組織の進化を促す"クレボリューションプログラム"」が誕生したのです。

そして，コンサルティングをしていくにつれ，私自身やっと納得できる仕事をできるようになりました。

顧問先企業の社長の喜ぶ姿，そして，社員一人ひとりがクレド作成を通して進化していく過程を間近で見ながら，仕事を通した感動のドラマの数々を目にし，仕事とは何かを私自身が学ばせていただきました。

ある社長は,「社員のドラマの数だけ会社は強くなる」と言い，また別の社長は，社員のクレドを作成するための成功体験記に目を通して，「社員一人ひとりがこんなにも仕事を愛してくれている。そこには私の知らないドラマがある。私はそれだけ今まで，この大切な社員の為に真剣に仕事をしていたのか……」と目に涙をためながら，社員と共にこれからの会社を創っていく決意を改めて固めました。
　そして，クレド発表会の場で，自分たちの志やこのクレドに込めた思いを発表し，いかにこの会社で自分が育てられたのかを涙ながらに語る社員たちの姿——。
　私は断じて言えます。「ＥＳとは，社員を甘やかすことではない」ということを。

　この書籍は，クレドの作成や実践という取り組みを皆様に紹介するというねらいで書かれたものですが，それよりも，皆様がこの書籍を読み終えた時，真の従業員満足とは何か，働く意味とは何かということを，少しでも問い直すきっかけになれば，幸いに思います。
　そして，資本主義のルールが崩れようとしているこの新しい時代，「真の一流企業とは何か」を皆さんと考えていこうと思うのです。

　今の時代，「志の大きな企業が社会を変える」と私は考えます。

　最後に，ＥＳを広めるべく，同じ志のもと集った日本ＥＳ開発協会の皆さん，そして，この書籍を出すにあたり自社の取り組みを惜しみなく紹介していただいた顧問先企業の皆様，本当にありがとうございます。

平成22年8月吉日

はじめに

　日本ES開発協会としての本格的な最初の活動は，日光街道徒歩行軍の下見だったのではないかと記憶しております。日本中にESの風を吹かせる，といった漠然とした理念のもと，発足と同時に日本ES協会に入りました。
　一人の力でできる仕事はありません。職場の仲間や取引先の協力，そしてお客様があってはじめて仕事ができるのです。日光街道徒歩行軍は，「周囲への感謝」など多くの日本人が忘れてしまっている大切なことを思い出すために，日本橋から日光東照宮まで143 kmの日光街道を徒歩で行軍します。一緒に歩く仲間や旅先での出会いを通じて，チームで協調し合って一つの目標を達成することの感動を分かち合って，仲間への感謝の気持ちを体感できるイベントです。
　「ニート」という言葉ができて何年経つでしょうか。社内においても「社内ニート」や協調性が図れず権利ばかり主張する「モンスター社員」などが問題になっています。やる前からあきらめて，自分の給料は他人に比べてどうかなどといったことを気にしていても始まらない，ということに気づいてないのです。しかしながら，これらの問題の責任は我々にもあるのではないでしょうか。
　私が社会保険労務士として開業した最大の動機は，日本中の会社を「社員が働きやすい」会社にしたいと考えたことです。大学卒業後，社会人になって感じたことは，「組織にいる以上，仕方がない」といったネガティブな"できない論"が幅を利かせているという印象です。利益至上主義で会社の生き残りのために簡単に取引先と手を切り，社員を解雇するような会社があります。しかしながら，地元に密着した家族経営的な企業でも，不況にあえぐ中でそういった会社のやり方に追随してしまうケースも少なくありません。

他の会社が一時的に業績を回復させているのを見て，安易にマネすべきではありません。なぜなら，信頼関係がなければチームが成り立たないからです。自社の"確固たる信念"を持って，ちまたの成果主義などに振り回されずに，社員に将来の道筋を示して，安心して働いてもらったほうが，間違いなく，チームパワーが発揮されて会社の利益につながります。会社の基は，間違いなく"ヒト"なのです。

　チームが成り立つと「ＥＳを高めるための組織開発」が可能になります。社員が自律型人材になるように育成できるのです。そのためのツールが「ＥＳクレド」です。会社＝チームの信条をＥＳクレドに落とし込んで，社員一人ひとりの具体的行動を促します。

　自律の意識を持ってはじめて，自分が何のために働いているのか，自分は今何をすべきなのか，見えてきます。そして，その道に向かって一心不乱に突き進んだ結果が自分の人生の結果＝キャリアになることでしょう。

　最後になりましたが，私の拙い講演をきっかけに出版のお話をくださいました，株式会社税務経理協会の鈴木利美さんには心よりお礼を申し上げます。また，今回共著していただいた日本ＥＳ開発協会の発足時からの仲間である石川先生，小宮山先生，そして今回の出版にあたって全面的にご協力をいただいた日本ＥＳ開発協会の金野専務理事，矢萩会長には心から感謝いたします。

　ありがとうございました。

平成22年8月

　　　　　　　　　　　　　　　　　　　　中筋　宣貴
　　　　　　　　　　　　　　　　　　　　社会保険労務士
　　　　　　　　　　　　　　　　　　　　日本ＥＳ開発協会会員

目　　次

第1章　ESクレド導入のすすめ
～「ESクレド」とは？～

1. なぜ「クレド」なのか ……………………………………………… 2
    1. 21世紀は「競争」ではなく「協奏」…………………………… 2
    2. 「やる気」を呼び起こすリーダーシップ ……………………… 2
2. クレドとは？ ………………………………………………………… 4
3. なぜ「ESクレド」なのか …………………………………………… 6
    1. 仕事を通じて「成功」を得るために ………………………… 6
    2. 「報酬」の概念 ………………………………………………… 7
    3. 社員あってこその会社経営 …………………………………… 9
4. 「考えて動く」社員をふやす ……………………………………… 11
    1. 社員が自ら動くためのツールのひとつがESクレドだ …… 11
    2. まず，社長がやれば，社員はついてくる …………………… 12
    3. ESクレドが動き出すと，社長の号令で会社が動く ……… 13
5. ESクレドは会社の潤滑油，究極の間接部門だ ………………… 14

第2章　現代（21世紀）とは，どんな時代なのか

1. モノが満ち足りた時代 …………………………………………… 20
    1. 机の上の世界進出 ……………………………………………… 20
    2. モノがなかった時代 …………………………………………… 21
    3. 富める国ニッポン ……………………………………………… 21
    4. ゲーマー（GAMER）…………………………………………… 22
    5. "幸せ"が変わった ……………………………………………… 24
    6. 何を求め生きていくのか ……………………………………… 25

- 2．「仕事」の価値観 …………………………………………… 28
  - 1．労働の対価 ………………………………………………… 28
  - 2．世代間ギャップ ………………………………………… 29
  - 3．若い世代の働き方 …………………………………… 30
  - 4．ゆとり世代の働き方を考える ……………………… 32
  - 5．新たな価値観 ……………………………………………… 34
  - 6．21世紀は"心の時代" ………………………………… 34
  - 7．感謝の気持ち ……………………………………………… 36
- 3．世界進出を果たした八百屋さんの物語 …………………… 37
  - 1．古い慣習からの脱却 …………………………………… 37
  - 2．社員一日1章 ……………………………………………… 38
  - 3．ベクトルそして ………………………………………… 39
  - 4．"働く"ことに必要なもの ……………………………… 40
  - 5．組織に必要なもの ……………………………………… 41

第3章　なぜ，ES経営が脚光を浴びてきたのか

1．ある青年農家との出会い ……………………………………… 46
  - 1．トマトって素直な性格だなぁ ……………………… 46
  - 2．すごい農業青年との出会い ………………………… 47
  - 3．ことばの魔力 ……………………………………………… 47
  - 4．トマトから学ぶ労務管理術 ………………………… 48
  - 5．「声かけ」が人生を変える …………………………… 48

2．あるお店の出来事 ……………………………………………… 50
  - 1．オーダー …………………………………………………… 50
  - 2．現地調査 …………………………………………………… 51
  - 3．ファーストコンタクト ………………………………… 52
  - 4．心の中へ …………………………………………………… 53
  - 5．アウトライン ……………………………………………… 55
  - 6．ヒアリング ………………………………………………… 56

7．アウトプット ……………………………………………………… 57
　　　8．アプローチ ………………………………………………………… 61
　　　9．コミュニケーションが持つ力 …………………………………… 62
　3．大企業におけるＥＳの取り組み事例 ………………………………… 65
　　　1．社員がここにいたいと思う会社にする ………………………… 65
　　　2．コミュニケーションが企業文化を強くする …………………… 67
　　　3．社員の能力を生かす土壌づくり ………………………………… 68

第4章　会社のＥＳクレドを作ってみよう
Ⅰ─「成功体験記」を使ったＥＳクレド導入

1．ＥＳクレドはビジョン実現の最短ツール …………………………… 74
　　　1．感動創造企業とは ………………………………………………… 74
　　　2．ＥＳクレドは「マニュアル」ではない ………………………… 76
2．ＥＳクレド作成4つのステップ ……………………………………… 81
3．自社のＥＳクレドを作る ……………………………………………… 84
　　　1．ＥＳクレド作成にあたり大切なこと …………………………… 84
　　　2．あなたの成功イメージが「成功」を創り出す ………………… 86
4．「成功体験記」を利用したＥＳクレド作成事例 …………………… 89

第5章　会社のＥＳクレドを作ってみよう
Ⅱ─個人の価値観を掘り起こす

1．誰もが持っている「仕事のこだわり＝『マイ・クレド』」
　　を知る ……………………………………………………………………… 96
2．「マイ・クレド」のアウトプットと活用方法 ……………………… 98
3．会社の価値観と社員の価値観の融合 ………………………………… 101
4．ＥＳクレド作成事例の紹介 …………………………………………… 104
　　　1．介護デイサービス業 ……………………………………………… 104
　　　2．食品製造業 ………………………………………………………… 109

第6章 ＥＳクレド完成後の取り組み
　　　　～ＥＳクレドで組織開発～

1．ＥＳクレドを活用した取り組み ……………………………… 120
2．デキる社員の行動スタイルをチームで共有する …………… 122
　　　1．毎日起きる"エピソード"を社内で分かち合う ………… 122
　　　2．社長のリーダーシップが成否を分ける ………………… 124
3．ＥＳクレドによる会社組織活性化事例の紹介 ……………… 125

Column

○家族を大切にする会社のお話し ……………………………… 16
○マズローの欲求段階説 ………………………………………… 42
○"楽しい取り組み"がＥＳクレドを浸透させる ……………… 70
○ＫＪ法とは？ …………………………………………………… 92
○ワールド・カフェとは？ ……………………………………… 116

第1章

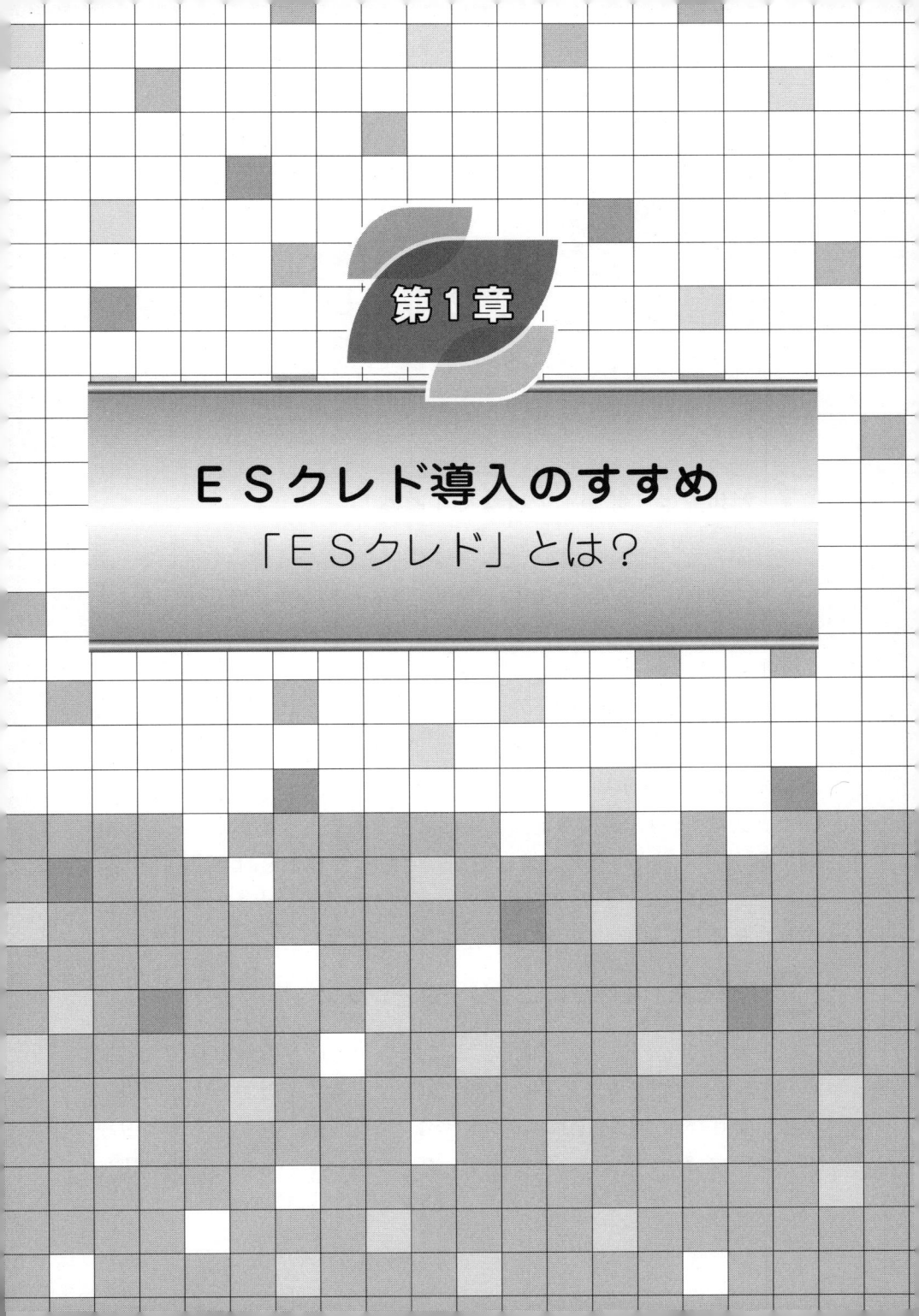

ESクレド導入のすすめ
「ESクレド」とは？

第1章
1 なぜ「クレド」なのか

1 21世紀は「競争」ではなく「協奏」

　これからは，何をやるにしても業界でトップを争う時代ではなく，自分たちの顧客にどのような価値を提供できるのかを常に考え続けることが大切になります。

　20世紀で言われた強い弱いという物差しで測っているかぎり，まるで戦国時代のように次から次へと新興勢力が台頭してきて，昨日の勝者は今日の敗者となるのみです。かつての「競争」とは違った枠組みで仕事ができる会社だけが持続的に繁栄すると考えられます。

　たとえば，「お客様に満足していただくためにどうするか」という命題を追求すれば，同業者（競合他社）であるＡ社とＢ社が共同で取り組むことによって，新たな商品やサービスが生まれるかもしれません。これを是として推進していこうとする考え方です。

2 「やる気」を呼び起こすリーダーシップ

　21世紀のリーダーシップ像は，タテ型の一方通行の権力行使や統制（いわゆるトップダウンのみの組織統制）ではなく，社員一人ひとりのやる気を呼び起こし，それをヨコにつなげて形を作っていくというリーダーシップです。それは，「このリーダーについていきたい，ついてい

こう」と思われるリーダーです。

　そして，それを実現するための有効なツールが**ESクレド**です。ESクレドについては後述しますが，ESとは，Employee Satisfaction（社員満足）の意味です。顧客満足を得るためには，前提条件として社員満足が浸透していなければならないという考え方です。自分（社員）が幸せであってはじめて他人（お客様）に幸せを提供できるのです。決して社員を甘やかすという考え方ではありません。

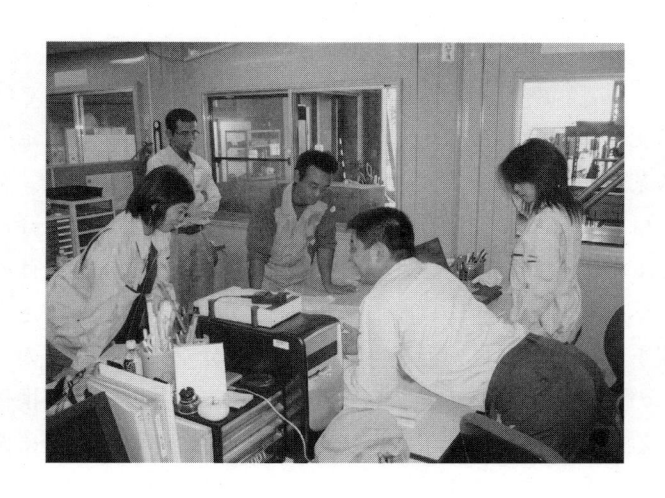

第1章 2 クレドとは？

　クレドとは，「信条」を意味するラテン語で「企業の信条や行動指針を簡潔に記したもの」を意味します。クレドを導入している企業では，サービス業が中心ですが，大企業を中心に増えてきています。クレドを導入する目的としては，企業理念を組織の内外に浸透させ，経営改善の一手として活用している企業が多いようです。要するに，自社の存在意義や仕事への誇り，社会に貢献しているといった意識を盛り込み，会社の価値観を形にして社員に浸透させるツールが「クレド」なのです。また，多くの企業では，クレドは名刺サイズにして常に社員が携帯できるようにするなど，朝礼や仕事中のあらゆる局面においてすぐに確認できるように工夫されています。

　「クレド」については，意味や利用方法に諸説があるようですが，本書では，「ESクレド」という切り口で展開します。ESとは，Employee Satisfaction（社員満足）という意味です。とかく社員満足（ES）というと，給料をアップすることなど社員を甘やかすことだと誤解する方もいますが，それは違います。人は，自分が仕事などを通して「役に立っている」「必要とされている」ということに最も喜びを感じます。自分の仕事を通じて商品やサービスを提供した結果，喜んでいただく，すなわち"感謝される"ことの喜びであったり，世の中の役に立っているという実感，自分が必要とされているという実感，仕事を通じて自分

自身の"成長"を実感しているなどといった本質的な価値観です。もちろん,「お金を稼ぐことのみが目的で,それ以外を問うことは無意味」といった価値観もあると思いますが,それでは限界があります。「お金があること＝幸せ」とは,必ずしも言い切れないからです。そこで,本書ではお金以外の価値観に照準を合わせて展開していきます。

○**本書では,"ＥＳクレド"という切り口で展開します。**

```
　クレド　＝　信条
経営理念は,トップ(社長)が決める　　　＝　ボトムダウン
ＥＳクレドは,社員が主体になって作り上げる　＝　ボトムアップ
```

○**「クレド」が,プロ野球でも導入されるようになった。**
　（2010年４月16日付日本経済新聞の記事『球界も「クレド」で心得』（石原秀樹氏執筆）によれば概略のとおり。）

　　企業の行動指針などを簡潔に記した携帯型の社員向け心得集「クレド」が,球界でも導入されるようになった。
　　西武球団では昨年,球場での接客の質の向上をめざし,専門家の指導を受けて作成,集客増を後押しした。楽天球団では今年から選手向けのクレドをつくり,「野球選手の前に一社会人たれ」の精神を徹底させている。
　　西武球団事業部は,朝礼でスタッフとクレドを読むのが日課になっている。名刺サイズの紙には,「小さな気遣いの積み重ねで,みんなを笑顔に」というモットーや,18項目の行動規範などが書かれている。本拠地・西武ドーム球場の警備員やアルバイトを含め,同球団の野球事業にかかわる約1400人が携行する。接客面での統一した指針が必要だと感じた球団が作成に着手し,クレドを活用しているホテルの協力を得ながら作り上げた。
　　楽天球団は,「選手行動基準」を選手らに配布した。全力プレーやファンサービスへの協力はもちろん,ひげ,茶髪,ピアスの禁止といった身だしなみなど,7項目で38基準を定めている。

第1章 3 なぜ「ESクレド」なのか

1 仕事を通じて「成功」を得るために

「人生の成功」とは何かと言われれば，間違いなく「仕事を通じた人生の成功」だと断言できます。社会の役に立っている，といった"実感"こそが，幸せという価値の源泉です。

過日，「働くことから生まれる本当の幸せ」というテーマの講演会で，4つの幸せについて話がありました。

「愛される」
「ほめられる」
「役に立つ」
「必要とされる」

この会社では，従業員の74人中54人の知的障がい者を雇用しています。個人の可能性を信じて，知的障がい者とともに育つ，という考え方で，"必要とされて，社会の役に立っている"彼らの仕事ぶりの映像を見て，とても微笑ましく，すばらしい会社だなあと感じ入ってしまいました。

2 「報酬」の概念

　さて、「報酬」とは何かと言われたら、あなたは何を思い浮かべますか。我々は、「手元に残る報酬」こそ、大切にすべきだと考えています。お金そのものも大切ですが、何のために使うのかという目的がなければ、大金を得ても持て余してしまうことでしょう。
　では、一生手元に残る報酬とはいったい何なのでしょうか。
① 仕事を通じて「能力」を得る。
② 仕事を通じて「仕事」を得る。（報酬＝仕事）
③ 仕事を通じて「自己の成長」を得る。
　そして、自分に与えられた"役割"を実感する幸福感そのものです。
　仕事を通じて「能力」を得るために必要なことは、肯定的に物事を捉えて、積極的に相手の意見を受け入れることです。そして、自分に投資をするということです。それが、ビジネスの基礎になります。
　仕事を通じて「仕事」を得るということは、与えられた仕事をやり遂げることによって、次にもっと大きな仕事をするチャンスがくるということです。これが、仕事＝報酬という考え方です。このスタンスで邁進していけば、心配しなくてもお金は後から付いてくるでしょう。
　ドイツを代表する詩人であるゲーテは、「人生は自分探しの旅」だと言っていますが、自分を理解するには、まず今の仕事に全力で取り組むことです。そこで基礎体力が培われ、"自分軸"が形成されていくのです。目的を定めずに放浪の旅に出ても、結論は出ません。
　仕事を通じて「自己の成長」を得るとは、自分の人生を大切にすることに他なりません。明確な目標を持つことと、それに近づくための努力を惜しまないということです。メジャーリーガーのイチロー選手は、「基礎」を大切にすることで有名です。そして、スランプになったら意識して修正し、それが無意識でできるようになるまで、徹底的に意識して修正するそうです。もともと才能もあったのかもしれませんが、明確

な目標と，それに近づくための努力，そして，強い意志のどれが欠けても今のイチローはなかったのではないでしょうか。

イチローの小学生時代の作文

「僕の夢」

　　　　　　　　　　　　　　　　　　　　　　　鈴木　一朗

　僕の夢は，一流のプロ野球選手になることです。
　そのためには，中学，高校と全国大会に出て，活躍しなければなりません。活躍できるようになるためには，練習が必要です。
　僕は3才の時から練習を始めています。
　3才から7才までは半年くらいやっていましたが，3年生の時から今までは，365日中，360日は激しい練習をやっています。
　だから，1週間中で友達と遊べる時間は，5～6時間です。そんなに練習をやっているのだから，必ずプロ野球の選手になれると思います。
　そして，中学，高校と活躍して，高校を卒業してからプロに入団するつもりです。
　そして，その球団は，中日ドラゴンズか西武ライオンズです。ドラフト入団で，契約金は1億円以上が目標です。僕が自信のあるのは，投手か打撃です。
　去年の夏，僕たちは全国大会に行きました。
　そして，ほとんどの投手を見てきましたが，自分が大会NO1選手と確信でき，打撃では，県大会4試合のうち，ホームラン3本を打ちました。
　そして，全体を通した打率は5割8分3厘でした。このように，自分でも納得のいく成績でした。
　そして，僕たちは，1年間負け知らずで野球ができました。
　だから，この調子でこれからも頑張ります。
　そして，僕が一流の選手なって試合に出られるようになったら，お世話になった人に招待券を配って，応援してもらうのも夢の一つです。
　とにかく，一番大きな夢は，プロ野球の選手になることです。

　　　　　　　　　　　　　（「夢をつかむイチロー262のメッセージ」より）

3 社員あってこその会社経営

かつて，松下幸之助氏は「人の成長なくして，企業の成長なし」と言いました。一昔前にもてはやされた「成果主義」の是非を問うこと自体は無意味ですが，不況の時期にリストラをすることなく，家族的経営ともいうべき社員第一経営を守り通してきた会社が堅調な業績を上げているという報告が多くあがってきています。つまり，今の時代，多くの企業が取るべき方向性は，「仕事を通して自己の成長を図る」というES（社員満足＝エンプロイー・サティスファクション）を中心とした経営です。

「子供たちが仕事に魅力を感じないのは，大人たちに問題があるからだ」と言われるようになりました。つまり，大人たちが仕事を楽しんでいないので，それを子供たちは感じ取って「仕事は苦痛なものなんだ」という先入観を持ってしまっているというのです。

いま，学生たちにとって魅力的でカッコイイ大人はどのくらいいるでしょうか。

お父さん，お母さんは，仕事の楽しさを子供たちに伝えていますか？

社長は，社員の先にいる「家族の笑顔」が頭に浮かんでいますか？

日本社会は，20世紀のお金や物質的な豊かさを追い求める時代から，21世紀型の，あるいはかつて日本社会が大切にしてきた夢や希望，チャレンジ精神，勇気，そして「仲間と協力し合って目標を達成する喜び」といった精神的豊かさを追い求める時代にシフトしてきています。

○成果主義は使いようによって＋にも－にも働く。

　プロジェクトの立ち上げ時など，短期間に一定の成果を上げる必要がある場合には，「成果主義」の導入は非常に有効です。しかしながら，成果主義を長期的な人事制度として導入すると次第に弊害が出てきます。すなわち，「疲れてくる」ということです。人は誰でも一定の「安定」を求めています。

　成果主義を人事制度として全面的に導入して失敗した事例をみていると，総じて「チームプレー」の崩壊につながっています。

【成果主義の行き過ぎた例】
○他の社員はすべて敵
　　上司が，部下が成長して自分を超えることを恐れて，何も教えなくなった。
　　トップ営業マンに社内研修を頼んだところ，「そんな大切なノウハウを公表することはできない。どうしてもと言うならお金が欲しい」と言われた。
○仕事はあくまで仕事という割り切った考え方の跋扈
　　終業後に上司が部下を飲みに誘ったところ，「残業代は出るのですか」と言われた。

第1章 4 「考えて動く」社員をふやす

1 社員が自ら動くためのツールのひとつがESクレドだ

　会社の経営理念はトップが考えるものですが，ESクレドの内容は社員と一緒に，もっと言えば「社員の主導」で作成します。この会社で成長し，成功するためにはどうすればよいのかを自分たちで考えることによって，社員は会社にいる意味や仕事ができることの喜び，といった「思い」を共有し，絆を深めていくことになります。

　ESクレドができ上がったら，ESクレドを上司と部下，社員同士のコミュニケーションツールにしましょう。リーダーがESクレドを使って意図的に対話を仕掛け，日ごろからものの価値観などについてまじめに"雑談"することで，社員間の共感を増やして絆を深めるのです。

　良い会社風土の構築に欠かせないのが「対話」です。最近は成果主義制度の導入や業務連絡などもメールで行うことができることなどから，社員間の会話がほとんどない会社も増えています。会社風土改革や社内組織の再構築をしようとする際に，まず人事制度や評価制度の導入，と考える経営者は多いですが，その前に社員同士の絆の強化が不可欠です。それがなければ，どんな制度を導入してもうまくいきませんし，むしろ悪化する懸念があります。

2 まず,社長がやれば,社員はついてくる

　社員の意識や行動は,そう簡単に変わるものではありません。たとえば,コミュニケーションの場を設けても,初めから「全員出席」と命令されれば"やらされている感"だけで,やる気はおきません。最初は社長が旗揚げをして,「やりたい」と手を挙げた志の高い社員とだけで始めればよいのです。

　「継続は力なり」と言われますが,まずは社長が率先してやるということに尽きます。初めに手を挙げてくれた社員と「会社を良くする」ことを定期的に話し合い,続けていきます。そして,「なにか面白いことをやっているな」と感じた人が参加できるようにするのです。そこで得るものが大きければ徐々に参加する人が増えます。これを続けると,最終的には会社の目標を実現するために社員は自主的に動き出すようになります。情熱的な経営者であるほど,自社の社員の動きにじれったさを感じるかもしれませんが,まずは,ガマンが必要かもしれません。何事も「継続は力なり」です。

3 ESクレドが動き出すと，社長の号令で会社が動く

　社員が自主的に動き出すようになったら，社長は徐々に任せるようにして身を引いていきましょう。社長がいなくても正常に動いていたら，まずは順調です。社長が顔を出すのは，節目のときのみでよいかもしれませんが，任せっぱなしにならないように気をつけましょう。

第1章 5　ＥＳクレドは会社の潤滑油，究極の間接部門だ

　よく，経理や総務といった間接部門は会社の潤滑油であると言われます。会社にとって直接利益を生み出す部門ではありませんが，ないと機能不全を引き起こします。これは，営業や技術畑出身の経営者に多い傾向かもしれませんが，総務や経理といった間接部門を「格下」に見ている方は要注意です。

　もし，必要がない部署であるならば，廃止するべきです。そこで仕事をしている人には役割があるわけで，役割を得て仕事をしている人がいる以上，「この部門はこれだけ売上に貢献して偉い」とか，「あいつらはデスクワークだけやっている」といった"お金"の価値観のものさしで計るべきではありません。意外と部門間コンフリクトといったものは，こうした潜在意識が顕在化した瞬間こそが原因の発端なのかもしれません。

　ある世界的に著名なホテルでは，掃除をしている人から社長に至るまで，全世界のスタッフが全員同じクレドを使って同じ行動をとるそうです。組織全体が無意識に行動できるように価値観がクレドによって統一されています。クレドは20項目から成り立っており，毎日行われる朝礼のような短い会議で1日1項目ずつ話し合います。朝礼で社是を唱和するのと似ていますが，ここではその日の項目について自分の意見を言わなければなりません。自分の意見を他の社員と共有することによって，

大きな効果が得られているのです。

○**クレドを使った朝礼の進め方の例**

1　リーダーが，その日の項目を読み上げる
2　その項目に関連した自分の感想や最近の体験について話す
3　全員が同様に自分の感想や最近の体験について話す
4　メンバー全員で共有する

Column

家族を大切にする会社のお話し
～沼津市の建築資材販売業の社長さんからいただいた
ココロが温まるヒント～

　その会社は，屋根やサッシなどの外装建材を販売しています。地元に密着し，「周りの人すべてに対し尊敬の気持ちを持って接する」ことを理念に掲げています。創業から60年，会社の規模も着実に伸び，社員数は70名を超えています。

　この会社の社長は，常に社員のことを気にかけています。社員がもっと元気になるにはどうしたらよいか。「生きがい」や「やりがい」を感じて会社に来てもらうには，どうしたらよいか。それらを実現するように，いろいろな"取り組み"を考え実践されています。

　その実践されている"取り組み"のひとつを紹介します。

　それぞれの家庭では，父親の仕事が何なのか，どのくらい知っているでしょうか？

　「毎日，朝早く出かけていき，帰りは遅い。休みの日は，いつまでもゴロゴロ寝ている」

　そんな陰口が，子供たちから聞こえてきそうです。そこまでいかなくても，実際に父親や母親の職業について，たいていの子供たちはほとんど知らないようです。

　職業の内容が明確に理解されているもの，たとえば「警察官」や「大工」と言われれば，比較的職業イメージがわくものでしょう。このような職業では，仕事内容の説明は比較的わかりやすいかもしれません。しかし，警察に勤務していても刑事や交通課の仕事ばかりではないですし，大工さんも専門的な分野が多く，多様化しています。

　どのような職業をしているのか，簡単には伝えられないものも少なくありません。こちらの会社のように営業職の人たちは，品物やサービスを販売しているという表現だけでは，足りないものがたくさんあることでしょう。

　しかし，子供たちにとっても，親の仕事が何なのかちゃんとわかっ

ていないのは無理からぬこと。そもそも日本では，親の仕事をその目で見る機会がとても少ないのが現状なのですから。
　このように，子供たちが親の職業を知らないでいることを，この社長はなんとかしたいと考えておりました。そして，次のような"しくみ"を採用しました。それは，社員のお子さんが，高校を卒業して進学した最初の夏休みに始まります。
　まず，夏休みのある日，まる1日を使って，会社に職業体験に来てもらうのです。出勤時間に合わせ，親と一緒に子供も出勤します。そして，社長みずから子供さんに面談します。そこでは，親の仕事ぶりを紹介し，とても会社として助かっていることを伝えます。どのくらい素晴らしい仕事ぶりなのかを，伝えるそうです。最初は神妙な趣きで聴いていたお子さんが，少しずつ誇らしげな顔に変わっていくのだそうです。
　そのあと，親と一緒に実際の仕事に同行するそうです。1日中親子が一緒にいるのですから，二人の会話も増えます。仕事を通じて，同じことを考え，同じ感性を持つのです。しかし，現実の仕事場ですから，いつもかっこいいところばかりを見せることにはなりません。場合によっては，クレームの対応など，冷や汗をかく場面もあるでしょう。
　こちらの社長は，それもまた必要なものだと考えています。
　本来，仕事とは困難なものであり，逃げ出したい場面もあることを知っておいてほしい。しかし，困難な仕事をやり遂げることで，プロとしての満足感を得られ，社会に対する貢献をしていくことができる。そのようなことを理解してほしいと社長は思われているのではないでしょうか。
　この貴重な夏休みの1日が終了すると，再び会社に親子で戻ります。
　そのときの子供さんの目は，どのように変わっているのか。その目を見ることがとても楽しみだと社長は言います。たぶんそこには，親を見る目に大きな違いがあることでしょう。
　お子さんは，1日の日当とプラスアルファの手当を持って，親と一緒に自宅に帰っていきます。そう，普通では得られない貴重な社会経験と，親に対する"感謝の気持ち"とともに……。

第2章

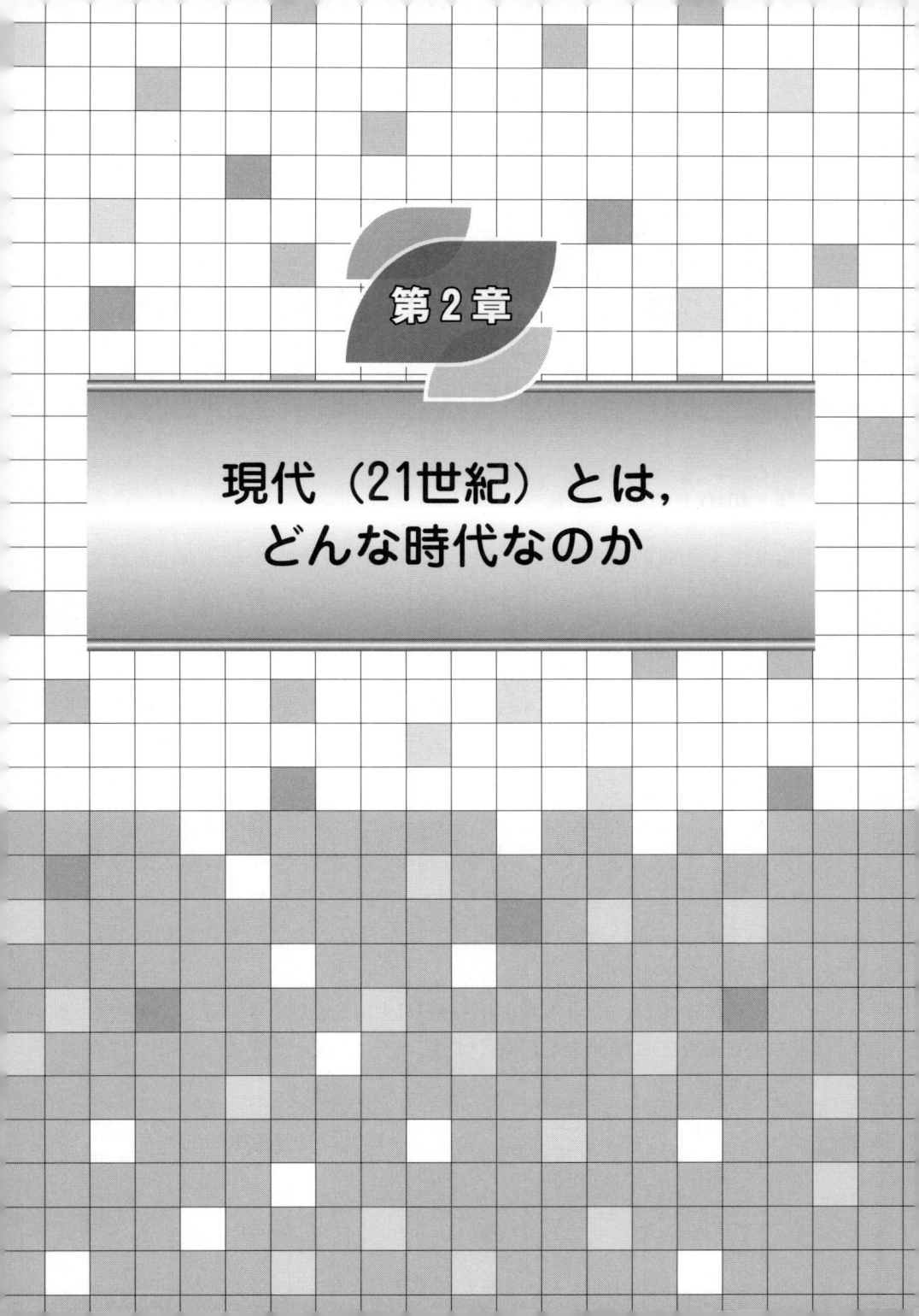

現代（21世紀）とは，どんな時代なのか

第2章 1 モノが満ち足りた時代

1 机の上の世界進出

　ふと，私の机の周りを見わたすと，たくさんの便利なモノが置かれています。その便利なモノの代表のひとつが机の中央に構えるパソコンです。この白い箱は，あっという間に世界中の情報を集めてくれるし，次の瞬間には過去の記憶を確実に呼び覚ましてくれます。その横には携帯電話。今やこれなくしてはうっかり外出もままならない。いつでもどこでも友人とコンタクトが取れ，はじめて行った町の絶品料理を出してくれるレストランまで道案内をしてくれるし，目の前に広がる感動的な風景を写真として切り取ることもできる。また，移動中にリラックスしたくなると，音楽も奏でるし，書籍も見ることができる。私の記憶力を補ってくれるとても頼もしいパートナーであるICレコーダーはとてもコンパクト。手間いらずに聞き逃してはならない会議の内容を何度でもリピートしてくれる。

　私の机の上では，今日も世界中を飛び回ることができ，そして過去から未来につながる時間を心の赴くまま，自由に行き交うことだって可能なのです。

2 モノがなかった時代

　とても便利になった今の時代から，ほんの少し時間を巻き戻してみましょう。そう50年ほど前の日本にタイムスリップしてみます。そこは1960年の日本。戦後から始まった経済復興のなか，まだ物がない時代でした。

　ほとんどの人々が日常生活の中で，あって当たり前と感じている電化製品の数々，たとえばテレビ・冷蔵庫・洗濯機は，どこの家庭でも見ることができます。しかし，1960年当時の人々にとっては，なかなか買うことができない，"高嶺の花"でした。一般家庭では，夫が必死に働き，妻は家計の足しにと内職をする。子供たちに贅沢は敵だと教え，お金を使うことなどまずなかった。そうやってようやく買うことができたテレビは，家族の宝であり，ご近所に鼻高々に見せびらかせたものでした。

　そうです。20世紀は，モノがない時代でした。だから，誰もが豊かな生活を送るためにいろいろな生活用品や電化製品を買い求めていました。生活の豊かさ＝たくさんのモノに囲まれること，そんな方程式をあてはめていたように思います。そして時代は，大量生産・大量消費へと向かっていきます。その時代には，モノを造ることさえできれば売れてしまう時代だったのです。

3 富める国ニッポン

　そして，現代は，携帯電話に象徴されるように，安くて便利なモノが世の中にあふれています。24時間いつでも食料を買うことができる清潔で手軽なスーパーマーケット，見たい映画は自宅に居ながらオンデマンドで何度でも見ることができるし，電気や水道にいたっては，今の日本では，安定的に供給されています。

　日本は世界でも有数の金持ちの国となり，ありとあらゆるモノに囲まれ，物質的な不自由を感じることはなくなってしまいました。そこで暮

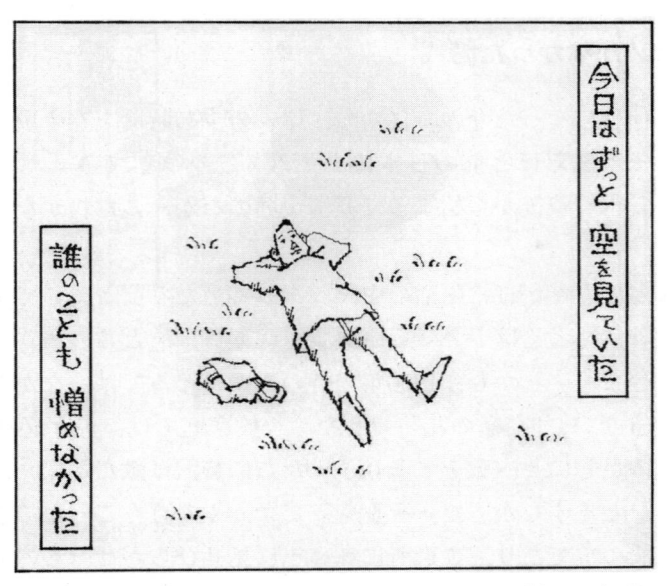

> 今日は ずっと 空を見ていた
> 誰のことも 憎めなかった
>
> （絵：ひすけ）

らす現代の日本人にとって，スタート時点からすべてのモノが揃っていることは，もはや当たり前のことになってしまったようです。

　そんな現代人が，仕事で得られる成果とは何なのでしょうか。何のために働くのか？　という疑問にも答えを見出すことがままならない人が多くなったのではないでしょうか。

　働いて給与を得る。そのお金でほしかったモノを手に入れ，そして夢を現実にする。そんなフォーマットは，過去の遺物になりつつあるような気がする。最初からモノがそこにあるので，そもそも何か欲しいものがある人間が少なくなってきているのです。

4 ゲーマー（GAMER）

　ある若者に話を聞きました。彼は，有名国立大学に入学を果たし，家族からの期待を一身に集めて，東京に旅立ちました。

　「大学入試は，ゲーム感覚でした。適当に勉強のバージョンアップを

繰り返していたら，合格してしまった。」

　彼にとって合格は目標ではなく，ただのゴールライン。つまり，合格＝ゲームセットだったのです。彼はいま，いわゆるニートとなり，毎日インターネットの世界で生きています。しかし，その生活ぶりを見ていると，お金に苦労しているとか，自分の人生を悲観しているという暗いイメージがあまりないのです。彼の部屋を訪ねてみると，そこはワンルームですが冷暖房が効いています。インターネットの知識を生かして，わずかながら広告収入を得ていると言います。それでもお金がなくなったときはどうするのでしょう。

　「ネットに『お金がありません。誰かメシをおごってください』と書き込むと，見ず知らずの人がおごってくれます。」

　そんなことがあるはずないと思っていると，本当に食事をご馳走してくれる見ず知らずの人からメールが入りました。

　彼にはインターネットで知り合った友達（？）が，3,000人以上いるのだそうです。もちろん，インターネット上の付き合いですから，ほとんどは会うこともない，顔を知らない友達です。そのチャット友達とは，お互いに話したいこと以外は聞くこともないし，聞く気もないのだそうです。おそらく，お互いの一面だけしか知らない者同士が，毎日入れ替わり立ち代わり会話を繰り返していく世界が広がっているのです。

　成果物を求めなければならない経済人から見ると，彼らの何の生産性も見出せない生活パターンは，理解をすることができないでしょう。しかし，確実にそのような生活を送る若者が増えているのです。彼らに将来のことを聞いてみると，これといった目標や目的がなく，ある意味では何も考えていないのではないか，と思われます。今の彼らは，とりあえず不自由なく生きている"今"を受け入れ，"今"以上の生活を望んだときに手にいれられなかったときのギャップを恐れて，前に踏み出そうとはしないように映ります。

　しかし，彼らにとっても不安がないわけではありません。このままの

鍵は与えられている

あとは扉を開けるだけ

（絵：ひすけ）

生活を続けるのかと聞いてみると，
　「いつかはやめることになるだろうが，それがいつで，何が原因で別の生活を始めるのかよくわからない。」
と答えます。彼らはそのことについて考えることを，あえてしないようにしているのかもしれません。

5 "幸せ"が変わった

　彼らの行動からもわかるように，物質文明は着実に終わりを遂げているのです。世の中の余りあるモノに対して，執着心というか独占欲というものが薄くなってきているように思います。要するに，モノが欲しいから懸命に仕事をしてたくさんの給料を得る，という行動には結びつかなくなっているのです。

もしかすると，幸せの尺度が変わってきているのかもしれません。
　イギリス，レスター大学の社会心理学者エイドリアン・ホワイト氏が，ある調査結果を発表しました。それは，世界178カ国の「幸福度」というものです。評価基準を公表していないため，この「幸福度」ランキングに関する話題に事欠かないところもありますが，第1位はデンマーク，第2位がスイス，第3位はオーストラリアと続きます。イギリスは41位で，アメリカは23位。アジアでは中国が82位，インド125位で，日本はほぼ真ん中の90位です。また，全米科学財団が発表した世界97カ国の幸福度調査でも，日本はまん中より少し前の43位です。
　いずれの調査結果を見ても，上位の国と日本を比べると，自殺率や離婚率が高かったり，ゲリラの誘拐事件が多発している国が上位にランクインしていたりするため，必ずしもこの調査結果どおりに幸せを感じる度合いに差があるとは思えません。しかしながら，日本に住んでいる我々が，幸せと感じる尺度をとても小さく評価しているのではないでしょうか。日本はこれだけ経済が発展し，政情不安や深刻な貧困，飢餓などの問題ともほとんど無縁なのに，どうしてこんなに幸福度を低く評価してしまうのでしょうか。

6 何を求め生きていくのか

　そもそも，幸せと感じる程度というか大きさは昔から変わっていないのかもしれません。もしかすると幸せと感じる機会を見失っているのではないでしょうか。
　たとえば，おいしいご飯を食べることができた。でも，昨日もおとといも同じようにおいしいご飯を食べている人にとって，今日のおいしいご飯は昨日までのご飯と同じ"おいしい"という範疇のなかにあり，ご飯が与えられることを"当たり前"と思う生活に慣れてしまいます。つまり，目の前に幸せと感じる場面があるのにもかかわらず，それを幸せと感じ取るチカラが薄くなってしまったのです。もし"幸せセンサー"

が人間にあるとしたら，そのセンサーが利かなくなっている状態なのです。

このように"幸せセンサー"が利かなくなってしまった人たちですが，生きていくことに絶望しているかというと，少し違う気がします。将来に夢をもち，そして毎日努力することを惜しまない，バリバリと働く熱血サラリーマン像とはあまりにも違いますが，彼らも，今日を楽しく生きることを決してあきらめているわけではないのです。

現代では，生活に必要なモノは既にこの世の中に溢れています。手を伸ばせばつかむことは容易です。もちろん手段や方法は問われますが，このような生活の中で自己で所有するという必要が意識の中で薄らいできている気がします。求めればいつかは自分のモノになる可能性が高い

もっとやさしい心になれたら
もっと多くのやさしい人たちに
出会えるのかもしれない

（絵：ひすけ）

のですから，無理に求める必要はないのです。所有は，選択肢のひとつでしかなく，他に共有や共存，拝借もあるのです。

必ずしも成果としての金銭的な報酬を求めない彼らにとって，どうやって幸せを感じ，意欲を持って仕事をしてもらえるか。

実は，人事考課や賃金制度も，時代の変化に対応するときが来ているのです。

第2章 「仕事」の価値観

1 労働の対価

　今までの, "賃金"の考え方を振り返ってみましょう。

　会社は, 仕事や労務を用意し, それぞれの活躍の場を用意します。そして得られた個人または組織の成果・結果について評価します。その評価を基に利益配分を行ってきました。つまりお金の価値で労をねぎらうという「金銭的報酬」を与えるというのが, そもそも雇用制度の原点で, 会社の屋台骨を支える構造でした。

　しかし, 現代の若者は, お金で労をねぎらわれることについてどのくらい喜びを感じているのでしょうか。私が社会保険労務士として, またコンサルタントとして関わった企業の従業員に聞いてみたところ, 本音は,「給与は支払われて当たり前, 労働の対価として当然の義務」と考えているようです。プロとして, 仕事の成果・結果より報酬を受け取っているという意識で働いている人は少数派のようです。朝から晩まで会社にいること, 極端な例ですが, 漫然と職場内にいたという事実さえあれば, 給与は当然もらえると考えているようです。

2 世代間ギャップ

　世代ごとに意識や価値観がある程度違いがあるという，興味深い調査結果があります。その人の人格形成には，家庭環境が大きく影響しますが，同時に社会的要因や，経済状況，そして学校教育によっても世代間の特徴が現れています。

それぞれの世代ごとの特徴

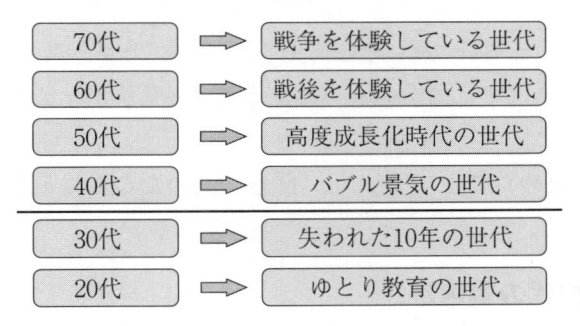

70代	戦争を体験している世代
60代	戦後を体験している世代
50代	高度成長化時代の世代
40代	バブル景気の世代
30代	失われた10年の世代
20代	ゆとり教育の世代

　この表は，それぞれの年代ごとの特徴を一言で表現しています。人は，生まれた年により，当時の社会状況や思想，経済状態に影響されます。たまたま学校を卒業するときに就職氷河期を経験する世代と，バブル全盛期に就職をした世代では，社会に対する考え方に差異が出て当然ではないでしょうか。もちろん，一般的な特徴を挙げているだけですから，個人個人での考え方はあろうかと思います。

　ここで，とくに注目したいのが，20代から30代の若い世代です。

　この若い世代は，家庭や学校で，自我について繰り返し何度も問われてきました。

　「あなたは，何がしたいの？」

　その問いに対して若い世代は，「少ない経験」と「偏った膨大な情報」から決定し答えるのです。「少ない経験」とは若い世代にとって当然のことですが，「偏った膨大な情報」はインターネットから受け取ること

ができます。このインターネット情報は，情報の受け手が興味をひくように加工されているので，必ずしも正確で有益な情報とは言えないものも多く存在しています。

　このような土壌から生まれた"夢"や"目標"が，若い世代の答えとなっていくのです。人生における夢や目標を若いころに思い描くことは，ベテランの世代でももちろん経験してきました。しかし，若い世代は何度も繰り返し質問され，答え，その答えに対して，もっと現実化できる方法まで問われます。

「その目的のために，あなたは何をしたらいいと思う？」

　そして，志半ばで目標をあきらめようとすると，大人たちからこのように言われます。

「あなたが決めたことでしょう。自分で決めたことは最後までやりなさい。」

3 若い世代の働き方

　若い世代には，次のような基本的な捉え方をしておくべきでしょう。
　若い世代が仕事に就いたときに考えることは，
　まずは，「いま与えられている仕事は，自分がやりたいと願う仕事なのか？」ということです。子供のころに反芻した将来の目標に，今ある自分は向かっているのかと考えます。

　次に，「自分が納得できる職場環境や待遇で仕事をしているか？」ということです。人は誰でも楽しい環境にいたいと願います。若い世代ももちろんそう考えますが，だからといって，自分のちからで環境をよくしていこう，改善していこうと考える人は少数です。それは，若い世代の生い立ちに原因があるのかもしれません。若い世代は兄弟が少なく，そして両親に守られ，さらに祖父母の愛情を一身に受けて育ってきました。彼らは，すべてが大人たちの用意したレールの上を走るようになっているのです。彼らは安全で快適な場所で暮らすことができ，自分自身

がイヤなことは大人たちがやってくれる環境にいたのです。

　そのような若い世代は，職場の環境も会社がすべて用意していると思い込んでいる人もいます。私が以前コンサルタントとして関わった例ですが，ある会社の新入社員の実に半数以上が，最初から自分の活躍するイメージを強く持っている人でした。そのイメージとは，活躍するステージは用意されているのが当たり前であり，用意できていない会社に不満を持ちます。

　「この仕事が自分の将来のために必要なスキルになるのだろうか？」

　自分自身の成功イメージは強く持っていますから，その成功に近づくために必要なものであるかどうかが，価値観の分かれ目になります。新入社員として，最初に与えられることが多い業務であるプリントアウトや会議資料の整理，お茶くみに電話受けなどに対しては，初めから拒絶

（絵：ひすけ）

的で，そのような業務をすることに耐えられないと言い出す人もいます。
　ある社長が言っていました。
「若い人に電話受けや，来訪者に対する笑顔と受付をお願いすると，『そんな雑用を私がやるのですか？』と言われます。わが社に雑用という仕事はありません。すべての業務が必要不可欠な業務であり，目的のあるものです。お茶を出すことで来訪者のこころに余裕が生まれ，打ち合わせがうまく進むこともあります。受付の人の笑顔がどのくらい会社のイメージアップにつながるか，そのことがビジネスチャンスを無限に広げてくれると信じています。」

4 ゆとり世代の働き方を考える

　これから労働市場の中心となっていく20代から10代若い世代，いわゆる「ゆとり教育」世代がどんどん入社しその人数も増えていくことでしょう。自分自身を信じ，強く目標を意識することは，とてもすばらしいことです。私は，決して教育そのものに異議を唱えているわけではありません。しかし，このような若い世代に現れた特徴を，しっかりと理解して労務管理をしていかなければ，会社という組織に新たな血を入れていく過程で違和感が出てしまうことになりかねません。
　若い世代は，今までにない環境で育ちました。そこは，すでにモノがあふれた世界で，物質的枯渇感のない世界です。テロや戦争の身体的危険も少なく，安全で衛生的な生活がスタートラインです。このことはとても幸せなことなのですが，最初から与えられている環境なので，本当の意味でのありがたさを実感していません。
　恨みや金銭の貸し借りなどといったトラブルの原因があるわけでもなく，たまたま居合わせた人に危害を加えるといった凶悪な事件がニュースで流れているのを見るたびに，被害者やその家族の心情を思って，とても悲しくてやりきれない気持ちになります。そして，こうした犯罪者の動機には，ある"共通点"があるようでなりません。彼らは，自分の

居場所を見失い，そして自分自身の存在を周りから認めてもらいたくて，間違ったことに走るようです。

「世の中に不満があった。」

「自分に注目してもらうために，なにか大きなことをしてみたかった。」

「ずっと一人の生活をしてきて，なにか自分という存在を社会に認めて欲しかった。」

つまり，自分の社会的な居場所を求めていた，ということです。このことは，もしかすると若い世代だけの問題ではなく，すべての世代に共通の思いかもしれません。現代に生きるわれわれすべての人間が求めている共通の価値観ではないでしょうか。人は誰しも，人の役に立ちたい，そして認められたいと願っているのです。

第2章　現代（21世紀）とは、どんな時代なのか

立ちあがってみれば

もっとよく見えるのに

（絵：ひすけ）

5 新たな価値観

　10年以上前に作り上げた労務管理や賃金制度は，もはや通用しません。つまり，会社の経営陣と，社員の意識のズレが生じているのです。"仕事に対して惜しみない努力を発揮することでより多くの給与を獲得し，生活を豊かにしていく"というモデルが，新しい価値観を持って入社してきた社員たちに通用しないのです。もらって当たり前の給与を手にしても，それに対する感動や感謝はありません。さらに，自身のスキルアップに必要ないと思い始めると，それまでの従順な態度からうって変わり，会社や上司の批判，同僚の悪口へ変わっていきます。

　では，どうしたら，このような新しい価値観を持った社員に気持ちよく働いてもらえるでしょうか。そして，会社という組織の枠組みの中で有効に活用していくのか，これらを十分に意識した労務管理を考えていきましょう。

　若い世代にかかわらず，現代に生きる我々は，モノが溢れている時代に生きています。今の時代に生きる人々に対して，物質的な欲求に応える必要があまりなくなってしまいました。より多くの賃金を支払うことだけで，いい人材を採用し，成長させ，多くの成果を出し続けさせることが極めて困難な時代がやってきたのです。多くの経営者は，うすうすこのことに気がついているのですが，「では，どうしたらよいか？」というところまで，結論が出ていないと思われます。

6 21世紀は"心の時代"

　現在のモノがあふれ，物質に恵まれた時代だからこそ必要なファクターが，「こころ」に訴えかける何か，なのです。

　人は相手のこころ，真心や誠心にふれると，大きな感動を受けることができます。つまり，金銭的な報酬では，限界がありますが，非金銭的な報酬＝「感謝の気持ち」は無限です。感謝の気持ちを受ける側にとっ

て，いくら与えられてもお腹イッパイになることはありません。そして，「感謝の気持ち」は，どんなにたくさん与えてもそれ自体に費用はかからず，無限に使うことが可能です。

　この感謝の気持ちを人事評価に加える方法を，すでに制度として取り入れて，しかも成功している会社があります。ある航空会社の例では，感謝のカードを使って地上員と乗務員が気持ちを伝えます。たくさんの感謝の気持ちを受け取った人は，胸に付けているネームカードにしるしをつけます。会社は，その感謝の気持ちをポイントにして評価をしているそうです。このような取り組みは，大企業に限ったものではありません。小さな飲食店や歯科医院などでも，感謝の気持ちを伝えるしくみを採用して，働く人たちが相互に信頼し，気持ちの良い職場環境に変革した成功例が増えているのです。

第2章　現代（21世紀）とは，どんな時代なのか

（絵：ひすけ）

7 感謝の気持ち

　社員同士で感謝すること，これがモチベーションを高め，組織の一体感を醸し出すのです。この感謝の気持ちには，使用上の注意があります。それは，感謝の気持ちを言葉や態度で表現しない限り，相手に伝わらないということです。思っていただけでは，その価値を有効活用できないのです。ですから，思い切って相手に伝える"しくみ"が組織には必要なのです。

　感謝の気持ちを伝え，一体感をもった組織づくりには，全員の意識をまとめることが必要です。初めて出会った人間が集まれば，一人ひとりがばらばらの価値観を持っています。しかし，組織は同じ目標に向かうために集まっているので，共通の目標を達成するためには，同じ価値観と信頼関係の構築が必要です。組織の全員が同じベクトルに向いて進む形式を取らなければ，その修正に莫大なエネルギーと時間を費やすことになりかねません。実は，共通の価値観と信頼関係を築いていくツールこそが「ESクレド」なのです。

○「社是の唱和」と「クレド」の概念の決定的な違い

- ・社是の唱和　社員を会社の型にはめること
　　　　　　　（考えない社員ができる　→　大量消費時代は有効だった）
- ・クレド　会社の価値観や行動様式を実際に現場で応用するために，考える社員をつくること
　　　　　（価値観が多様化した現代において有効になる）

第2章 3
世界進出を果たした八百屋さんの物語

1 古い習慣からの脱却

　そのスーパーマーケットは，1965年ごろ熱海に生まれました。前身は1930年ごろから営業している地元密着の八百屋さんです。当時の熱海は観光で隆盛を誇り，100万ドルの夜景とも呼ばれた一時代を築き上げていました。ホテルから野菜の注文がひっきりなし，野菜があればすべて売れてしまうという状況でした。

　しかし，当時の社長は一大決心をしました。それは，販売先を大手のホテルではなく，個人のお客様に野菜を買ってもらうことです。それは，当時の観光花盛りの熱海では変人扱いされかねない大きな転換だったのです。

　当時のホテルの売り物は団体旅行であり，その宴会がメインでした。おいしい食事を提供するために有名な板前さんを揃えて，その和食の手腕を競い合っていました。しかし，ここに問題が発生したのです。板前さんの力量次第でホテルの営業力に差が出ることが一部の板前さんをわがままにしてしまったのです。ついには，仕入先に"ワイロ"を要求するようになりました。

　先ほどの八百屋さんも，出入りするホテルごとに"ワイロ"を要求され，とても困っていました。そこで当時の社長は，そのような悪癖から

脱却し，個人のお客様に買ってもらえるスーパーマーケットを始めることにしました。

この判断は当たりました。たくさんの観光客はもちろん，観光業で働く熱海に住んでいる人やその家族がこぞって来店するようになったのです。あっという間に熱海の中心地に大きなスーパーマーケットを建てることができました。

2 社員一日1章

スーパーマーケットは大いに繁盛し，それにつれて従業員も増えていきました。ここで新たな問題が発生します。従業員が増えるにつれて社長の目が行き届かなくなっていきました。つまり，接客やサービスの低下が起こり職場が荒れていったのです。そこで，社長は増えた従業員に接客のココロと行動基準を示すことにしました。

社長は幹部と連日にわたり話し合い，「社員一日1章」という「しおり」を作成しました。これは30ページに及ぶボリュームですが，コンパクトにして制服のポケットに入れられるようにし，常に持ち歩くことで

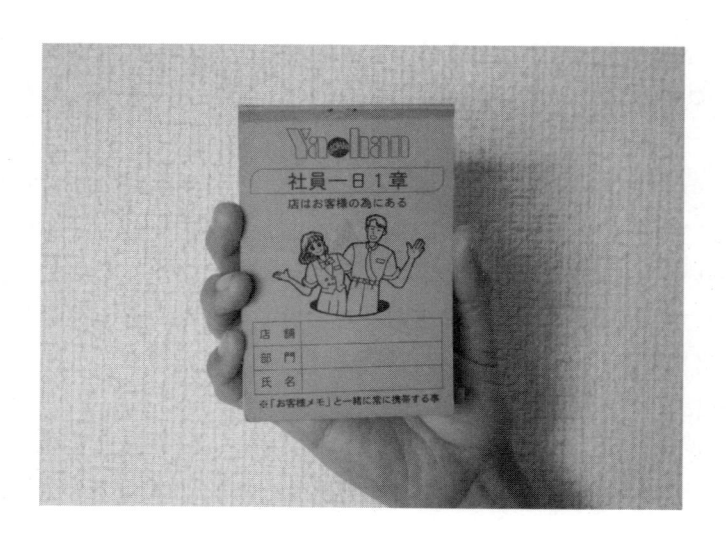

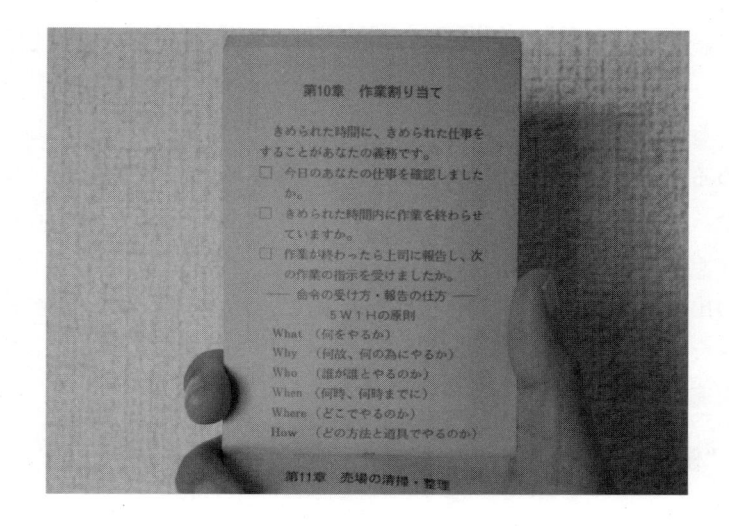

いつでも見ることができるようにしました。

「社員一日1章」は，接客の基本から始まり，会社としてやってはいけないこと，心がけなければならない生活の心得まで記載されています。また，棚卸のやり方やルール，さらには営業の数字を全社員が理解できるよう，利益率や営業粗利益の出し方，見方まで記載されています。

つまり，この「社員一日1章」を常に携行することで，全社員が価値観と行動基準を共有できるようにしたのです。

3 ベクトルそして……

この共通の価値観と行動基準が，社員同士の信頼関係を築き，一体感をもたらしました。まさに，「全社一丸」というキャッチフレーズが本物となった瞬間です。この「社員一日1章」により，イキイキと行動する社員たちはどんどん利益を生み出し，どんどん店舗が増えました。熱海市内から静岡県内へ，ついには日本を飛び出し海外進出を成し遂げました。

しかし，このころから急拡大によるきしみが生まれました。拡大する

ごとに競争相手が増えます。世界基準では，計り知れない競争を求められます。それまで社員は「一日1章」にその行動のすべを求め，その内容を守ることで，誰でも共通の行動が行われてきました。しかし，成果を求めるあまり，社員の中でも競争が生まれ，信頼感が薄くなっていきました。ついには，この「一日1章」は社員のポケットに納められることがなくなってしまったのです。

　日の出の勢いで本格的な海外進出を果たしたこの会社は，その後10年の歳月を待たずに，巨額の負債を抱え，倒産の憂き目に会うことになったのです。

4 "働く" ことに必要なもの

　たくさんの社員が突然，路頭に迷いました。海外の店舗を担当していた役員は，突然の倒産の連絡に対応できず，ある人は着の身着のまま日

（絵：ひすけ）

本に戻り，ある人は私財を投じて，現地の社員を守り，次の受け皿探しに奔走しました。

その後，30数年を経て，当時の役員の方にインタビューすることができました。

「あれだけ勢いがあった会社が突然なくなるなんて，当時は思っても見なかった。しかし，今思い返してみると，倒産にはいろいろな原因があるが，そのうちのひとつは，社員同士が信じあうことができなくなったことも大きいと思う。」

「でも，私は最後にひどい目に会いましたが，今では当時の会社に感謝しています。それは，私自身を成長させてくれたのは間違いなく会社だったからです。わたしは，会社に入ったという思いはなく，当時は大学に入学したような感覚でした。毎日，会社に行くといろいろなことが起こり，その対応をみんなで知恵を絞りあい，勉強し，発表し，行動してきました。そんな毎日があったからこそ，今の自分があるのですから。」

5 組織に必要なもの

我々は，好むと好まざるとにかかわらず，いろいろな組織に属しています。重要なことは，その組織の中で，自分がどのようなポジションを担当しようと，またどのような役割を果たしていようと，重要なことは，自分自身で自分の立場を理解し，その役になりきって懸命に答えを追い求めることです。その中で，周囲の人と有機的に結合し助け合っていくことができれば，間違いなく成功の道を歩むことができていると言えるでしょう。そして，自分自身のココロの中に満足感と安定を求めることができるはずです。

人は誰でも，周りから認められたいと思っています。認められると，幸福感を感じ，よりいっそう認められたいと欲し，さらに自分の成長を願うもののようです。

Column

マズローの欲求段階説

　モチベーションとは人の行動を呼び起こし，方向付けする内的要因のことです。つまり，何かを欲求して動かされ，目標を認識してそれを獲得するために行動することを言います。

　この，モチベーションがどの様に起きるのかを研究したのがモチベーション理論ですが，この理論の多くは1950年代に研究されています。これらの理論で有名なのが，「マズローの欲求段階説」「マクレガーのＸ理論Ｙ理論」「ハーズバーグの動機付け・衛生理論（二要因

⑤自己実現欲求　個性を活かし，人間として成長したい。
自己目標を達成したい。
あるべき自分になりたいという欲求

④自我欲求　能力に相応しい仕事を遂行・達成し，褒められたい。
周りから注目され，認められ，賞賛されたい。
他人からの賞賛を求める欲求

③社会的欲求　皆から受け入れられたい。
良い会社，良い仲間と仕事をしたい。
家庭・会社・国家等への帰属の欲求

②安全欲求　危険から身を守り，安全を確保したい。
収入の安定や安全を確保したい。
生きる・生命を脅かされないことの欲求

①生理的欲求　収入を確保し，生命を維持したい。
食べる，眠る，水を飲む，排泄する。
生命を維持することの基本的な欲求

理論)」などです。これら3つの理論はモチベーション理論の中では初期の古典とみなされており，普遍的なことも多くありますので，現代の理論は基本的にはこれら3つの理論をもとに発展してきています。

　アブラハム・マズローは人が成長する過程で満たそうとする欲求を5つの段階に分け，「人はそれぞれ下位の欲求を満たすことを考え，その欲求が満たされると，その上の欲求の充足を目指す」という精神的な成長過程と欲求についての段階的な説明を行ったのです。

　これらの段階で①と②は基本的欲求で，①の生理的欲求が満たされないと病気になったり，いらだったり，不快感を覚えることになります。②は危険をいかに回避し安全を確保するかに偏っている時は，必然的にそれ以外のことは考えにくくなります。

　③は帰属の欲求です。この欲求はあくまで生存を脅かされない（基本的欲求が満たされた）状態で初めて生まれるため，社会的な帰属欲求は基本的な欲求になります。

　④と⑤は自我欲求（成長欲求）といわれるもので，④の自我欲求は何かしらのグループに所属しなければ，自分を認めて欲しい他人を認識することはありません。したがって，帰属の後に自我の欲求がくるのは自然な流れかと思います。最後は自己実現の欲求です。ここには研究的な欲求，平和の欲求があり，ある種の無償性が含まれているのが特徴です。

　これらは下位のものが満たされると次の欲求を感じるようになり，いったん満たされた欲求は，もうその人の動機付けにはならないとされています。しかし，最高次の自己実現欲求だけは別で，それが満たされても動機付けの効果がなくなることはなく，満たされるほど一層強い動機付けになるとされています。

　マズローの説はここまでですが，最近は更に高次の欲求があるのではないかと提唱する人がいます。それは「奉仕の欲求」です。これは，自分を捨てて他人のため，あるいは社会のために奉仕して役に立ちたいという欲求です。その見返りがなくても他人に喜んでもらえたらそれでいいとする「喜ばれることが喜びである」という欲求です。

第3章

なぜ，ＥＳ経営が脚光を浴びてきたのか

第3章
1 ある青年農家との出会い

1 トマトって素直な性格だなぁ

　その方は，伊豆半島の付け根に位置する，穏やかな環境の中で農業を営んでいます。名前を安井さんと言います。

　安井さんはあるきっかけで，とても興味深い農業を始めました。もともと，安井さんのご両親は，トマトを栽培している農家でした。若いころにありがちなことですが，当時の安井さんには野望というか夢がありました。そして，いろいろなことに挑戦したくて都会に出てしまいました。家業を継ぐ気持ちはなかったそうです。その彼が，実家に戻ってトマトを栽培し始めました。

　しかし，それまでご両親がやってきた栽培方法ではなく，みずから考えた方法でトマトの栽培を始めました。それは，トマトに声をかけながら育てていく，というものです。

　最初は苦労の繰り返しだったそうです。有機農法にこだわり，収穫できない日々が続きました。彼は，ご両親や周りの農家と同じ栽培方法をとれば，すぐに安定した収入を得ることができたのに，あえて自分のやり方にこだわり続けました。しかし，3年が過ぎた頃から，だんだんとそれはおいしいトマトができるようになったのです。

2 すごい農業青年との出会い

そんな時に，安井さんとお会いする機会があり，いろいろと，とても面白いお話を伺うことができたのです。その中で，人にまつわるお話をご紹介しましょう。

安井さんに，どのような方法でトマトを栽培しているのか，その方法を少し教えていただきました。彼はトマトにこう声をかけて育てているのです。

「ありがとう，感謝しているよ。甘い，うまい，香りが強い，ツイテル。」

そうすると，トマトはとても甘くて香りの良いトマトになるそうです。

こんな言葉を，何度もしっかりとトマトに語りかけているそうです。いわば，トマトにプラスのエネルギーを注入しているのです。そうすると，トマトはとても甘くて香りの良い，いいトマトになるそうです。

3 ことばの魔力

面白いことに，安井さんは，こんな実験もしているのです。

それは，ある列のトマトには，「ばかやろう！」と怒るのだそうです。「ばかやろう！」と言われ続けて育ったトマトたちは，皮が硬くてすっぱくなるのだそうです。マイナスのエネルギーを注入されて育ったトマトは，おいしくないトマトになってしまいます。かけられた言葉によって，明らかにトマトの味や形に違いが出たそうです。

（そんな実験を何メートルにも及ぶトマトの列ごとに繰り返す農家って，たぶん安井さんだけでしょうね。）

「褒めたトマトと，怒ったトマトに味に違いがでるのは，なんとなく，わかるような気がしますよね。でも，もっとおいしくないトマトができてしまう方法があるのです」と，安井さんは言います。

皆さんは，もっとおいしくないトマトがどうやって育てられたかわかるでしょうか？

実は，怒ったトマトよりおいしくなかったトマトとは，無視し，声もかけず，目もあわせないトマトだったのです。

4 トマトから学ぶ労務管理術

安井さんの話を通じて感じたことは，この話はトマトの世界だけのことではないということです。

実は，人間にも同じことが当てはまるのです。その人の存在を無視され，周囲から評価を受けることなく，そして受身のままの人生を過ごしていると，とても無味乾燥な世界に入り込んでしまいます。どんどん社会から取り残され，内面的な成長が止まり，精神的にも苦しくてやるせない日々を過ごすことになってしまいます。そのような環境にいたら，どんな人でも顔色の優れない，暗い表情をしていることでしょう。

会社や組織の中で，このような環境にいる人がひとりでもいるとしたら，それはとても悲しいことです。周囲から認められずに孤立して，助け合うこともなく，日々黙々と作業に追われる。そんな人生に楽しみを見出すことができるのでしょうか。

人は回りから認められることで，生きている証を得て，喜びを感じるものです。そして，さらに成長して，より多くの人に認められ，喜びを感じたいと願う成長のスパイラルが必要なのです。そのためには，相互に理解し，その存在を認め合うことが必要です。

5 「声かけ」が人生を変える

安井さんの話には続きがあります。それは，一番おいしくなかったトマトのその後です。無視し，声もかけず，目もあわせないで育ったトマトですが，そのままでは，商品になりません。安井さんは，実験の結果を確認すると，その日を境に，そのおいしくないトマトたちに向かって，声をかけ出したのです。

「ありがとう，感謝しているよ。甘い，うまい，香りが強い，ツイテル。」

すると，おいしくなかったトマトたちは，数日すると見事においしいトマトに変身したそうです。
　みなさんの会社のなかで，もし周りとうまくいっていない社員がいたら，どうぞ，「ありがとう，感謝しています」と声をかけてあげてください。最初のうちは，うまくいかないかもしれません。でも，真剣に，そして大きな声をかけ続けていると，そのうちに硬かった表情がやわらいできて，少しずつですが，きっといい人間関係に変わります。
　そして，最も重要なことは，一緒に働く職場の人たちに，「ありがとう，感謝しています」と"声かけ"をしていると，あなたにも変化が生まれるのです。
　それは，あなたが発信したプラスのエネルギーがあちらこちらに存在し，あなた自身を幸せな気持ちにしてくれるのです。

（絵：ひすけ）

第3章 2 あるお店の出来事

1 オーダー

　ある東京の郊外にある総合ショッピングセンターの話です。聞くところによると，このあたりはつい5年前までは農業が盛んな地域で，夜になると時折通り過ぎる車のライトが行きかう程度の寂しいところだったそうです。それが突然現れたショッピングセンターにたくさんの人が集まるようになりました。周辺にもたくさんのお店が連なり，それまでの農業用道路が往復4車線の道路に生まれ変わり，週末になると最寄りの駅からシャトルバスがひっきりなしに往復するようになりました。昔から住んでいる地元の人たちは，「まるで町ごと引っ越してきたようだ」と言っています。

　そのショッピングセンターには，東海地方に本社があるフレッシュベーカリーがテナントとして入っています。フレッシュベーカリーとは，そのお店で焼いたできたてのパンをその場で販売します。できたてのパンをその場でかじりついた瞬間のおいしさは，格別です。そのベーカリーは有数の老舗で，東海から関東までベーカリーチェーンを展開し，大手のショッピングセンターなどにテナントとして入り，高い実績と信頼を誇っています。

　ところが，ある日，経営陣からこんな相談を受けました。

「1年ほど前に，東京郊外の店で，店長を交代しました。そのお店はオープンからずっとベテランの店長がおりましたが，千葉県内の新規店舗のプロジェクトリーダーに抜擢されたため，隣町の店のサブ店長をそのお店の店長に任命したのです。その新しい店長はとてもやる気に燃え，勇んで転勤してきました。しかし，着任してからのこの1年，昨年並みの売上を上げることができません。最近では逆に売上の減少が続いています。それ以上に心配なのが，以前からいたそのお店のスタッフと，どうもうまくいっていないようなのです。わが社は今年の経営方針にＥＳ主義を中心に据えていることもあり，社員同士の信頼関係が揺らいでいるのは実に問題です。一度現場を見てきてもらえないでしょうか。」

この話をいただいた時，私は少し気になることがありました。それは数ヵ月前にさかのぼります。この会社では，毎月幹部研修があり，各店長も参加しＥＳの実施状況を話し合い，コンセプトを共有する研修を受けます。この研修に際し，この新しい店長の態度に少し違和感を覚えたのです。

2 現地調査

午後5時を回れば，ショッピングセンター周辺は帰宅途中の高校生や買い物帰りの主婦でごった返します。私は，少し離れたところからベーカリーの様子を見ていると，夕方の買い物のお客様が入っては出て，なかなか活気があります。高校生のアルバイトでしょうか，若い女性スタッフが，焼きたてのパンを陳列棚に並べています。そして「だだいま，○○パンが焼きたてです！ どうぞご利用ください！」と大きな声でお客様を呼び込んでいます。それを聞いたお客様がどっと集まってきました。外から眺めた感じでは，活気のあるいい感じのお店です。

「新しい店長は，今回の人事異動をとても喜んでおり，やる気にあふれています。しかし，それが少しカラ回りしているようです。早く結

果を残し，自分の成績を上げたいがために，周りのスタッフにきつく指導する場面があるようです。」

営業部長は，このような話をしていました。この営業部長は，パンを作る職人としての腕も一流で，ベッカーマイスターというパン職人の資格を早くから取得し，その製造技術と営業センスを兼ね備えたスーパーサラリーマンです。

3 ファーストコンタクト

コミュニケーションがうまくとれない職場には，何らかの原因が潜んでいます。ケースバイケースですが，方法としてその原因を探るには，まずスタッフと話し合いをすることから始めます。会話を通じて，たくさんの情報を得ることができます。そうすると職場でなにが起こっているのか，少しずつ探っていくことができます。当たり前の方法ですが，現実に話し合いができていない会社はとても多いのです。そこで私は，スタッフの出勤が多く，忙しい時間帯を選んで訪問しました。

夕方に訪問すれば，お店の活力を感じることができます。たとえば，レジ担当スタッフの接客レベルや，製造した商品の魅力，なによりも現場の笑顔が出ているかが，忙しい時間帯だからこそ，いろいろな要素が表面に出るのです。

業務が一段落する，閉店間際の夕方6時を回ったころ，当日の生産を終えた製造担当スタッフと，早番の営業スタッフたちと面接を行います。
　最初に面接したスタッフは，このお店のオープンから携わっている副店長的な立場の女性です。きっとさきほどまで，暑いオーブン釜の前でパンを焼いていたのでしょう。上気した顔の額にはうっすらと汗が輝いています。「お待たせしました」といいながら，どさっと，自分の体を椅子に任せるように座りました。彼女の端正な顔立ちに反して，投げやりな雰囲気が漂います。一日の疲れが出ているのでしょうか，笑顔がありません。
　「お疲れ様でした。先ほどからお店の様子を見させていただいたのですが，今日はお客様がたくさんお見えになったようですね。」
　「そうですか？　私は，ずっと裏でパンを作っていますから，来客数はわかりません。私の位置から，お店の前の様子は見えないのです。」
　このベーカリーは，来店したお客様からもパンづくりの様子が見ることができるように工夫されています。お店の中と外は，簡単な仕切りがあるだけです。たくさんのガラス張りの壁のおかげで，明るく清潔な店内が見わたせるようになっています。ですから，逆に製造現場からも，お店の外の様子を見ることができます。

4 心の中へ

　〈手元の作業に没頭して外をみる余裕がないのか，それとも，それ以上に，外に意識を向けることを拒否しているのか……。〉
　面接の間，彼女は私と目を合わせようとしません。指についたパン生地が気になるのか，ひっきりなしに手を動かしていて，目線は常にその手に向けられていました。少し，世間話のやり取りをした後に，このような質問をかけてみました。
　「今の仕事は，お好きですか？」
　「ええ，とても好きな仕事です。子供のころから何かを作ることが好

きでしたのでパンを作ることがとても楽しいのです。それから，自分の作ったパンをたくさんの人が買っていくことがとてもうれしいのです。」

彼女は仕事の意義や喜びについては理解しています。しかし，どうして表情が冴えないのでしょう。笑顔は出るようになりましたが，何か暗い表情が見えます。

「もし，私の思い違いだったら許してください。あなたのお話を聞いていると，仕事の楽しさや喜びを十分に理解しているようですが，言葉の端々に何か消化不良のようなものを感じてしまうのです。もし良かったら，今思っていることをお話してくれませんか？」

初めて，彼女は「はっ」としたように，まっすぐに私の目を見ました。そして，いっそう声のトーンを下げて語りだしたのです。

「このお店に入って5年になりますが，前の店長にはいろいろと仕事を教えてもらったり，プライベートの相談をしたりと，とても楽しい時間を過ごしてきました。パートさんたちも，明るく和気あいあいと声をかけあい毎日が楽しいと感じてきました。

ところが，その店長が別のセクションに異動し，新しい店長がやってきました。初めてのミーティングで，いきなり業績を残せと求められ，無駄な会話を禁止すると言われました。仕事のことで質問をしようとすると，馬鹿にしたような目を向けられ，『私は忙しいことがわからないのか。そんなことは自分で考えろ！』と言われてしまいます。だんだん怖くなって，声をかけることもできなくなってしまいました。そんなこともあって，今では新しい店長とほとんど会話をすることがありません。

そんな時に，自分で判断したことで店長に怒鳴られました。その日は連休の初日なので生産量をどのぐらいに設定するか迷いました。店長に相談しようと思っていたのですが，朝から忙しそうで相談できる雰囲気ではなかったので，自分で生産量を決めて仕事に取りかかりまし

た。お昼ごろでしょうか，店長が急に怒り出したのです。店長は，毎日原材料の発注をしているのですが，その日に注文した材料では，私が考えた生産量に足りなかったのです。午前中にパンを作りすぎてしまい，このままでは夜にお店に並べるパンを作れなくなってしまいます。店長は，私のところに来ていきなり言いました。『何をやっているんだ。このままでは夜に出すパンがなくなってしまうじゃないか。だからお前はダメなんだ。』

悔しいやら情けないやらで，その日一日，涙が止まりませんでした。どうしてそんな言われ方をしなければならないのかわかりません。その日以来，店長が私に言った最後の言葉（『だからお前はダメなんだ』）が頭について離れません。しかも，店長はそれから，私や他の社員を無視しているようです。パートさんやアルバイトさんとは笑顔で話をしていますが，私たちには目も向けません。このような状況ですから，私も会話することもなく，仕事だけして帰るようにしているのです。」

コミュニケーションを取ることなく淡々と仕事をこなし，無表情のまま帰宅していくのは，生きていてとてもつらいことだと思います。

5 アウトライン

このベーカリーには，着任してまもない店長と3人の社員がいます。他に10人のパートタイマーとアルバイトで営業しています。営業時間はショッピングセンターの営業時間に合わせて，10時開店22時閉店です。社員は仕込み作業のために開店時間より早く出勤します。ほぼ毎日のように朝7時には出勤しています。営業時間が長いためシフトをうまく組んで出勤体制を整えることが必要ですが，パートタイマーやアルバイトの出勤にはいろいろな都合があって，うまくシフトを組めないことが店長の悩みのタネのようです。シフトがうまく組めない場合は，店長をはじめ4人の社員がそのシフトの穴を埋めることになり，結果的に拘束時

間の長さが労務管理上問題になっています。

　製造は，店長と社員3名にベテランのパートタイマーが加わり，6人で担当しています。レジや商品陳列は，パートタイマー4名で行っています。また，隣接地域に点在する8店舗を統括しているエリアマネージャーがこの店を統括しています。

　店長とパートタイマーたちとの関係は，コミュニケーションに問題はなさそうなのですが，問題は店長と3人の社員との間のギクシャク感です。パートタイマーに比べてなぜか人間関係が希薄で，朝のあいさつでさえ小声で聞こえるかどうかの状態です。営業時間中は，ほとんど店長からの一方通行の指示命令が繰り返される程度であることがわかったのです。

6 ヒアリング

　3人の社員が持つ店長のイメージを聞いてみると，「すぐ怒る」「不機嫌」「タバコ休憩がすごく多い」「ご飯を食べない」「ケータイをいじっている」「自分の発注ミスを棚に上げて周りのミスを大声で指摘する」「仕事ができる」「仕事の要求が高いレベルを求める」「仕事が速い」といったものでした。職場の雰囲気はそれぞれの社員たちが，気持ちよく働く環境とは言えない状態であると思われました。

　パートタイマーからも聞き取りを進めていき，これらの声をまとめてみると，新しい店長は，少し短気で周りの人間と上手にかかわっていくことが不得意なところがあるが，仕事は熱心で技術力もあり，周りから一目置かれている人物であることがわかりました。

　すべてのスタッフから情報を得た上で，店長の上司でもあるエリアマネージャーに意見を求めました。

　「私がスタッフの皆さんから聞き取りをしたところ，お店の中の人間関係に問題があるように思いますが，あなたはどのように捉えていますか？」

エリアマネージャーは，このように応えました。
「このたびの店長の交代は，準備の時間もなくとても急でした。そのためいろいろと不具合が生じています。とくにスタッフ間に信頼関係を築くことができていないと思います。その原因は，通常，店長には管理者教育プログラムがあります。このプログラムは，店舗運営について教えていくのですが，もちろん，スタッフとのコミュニケーションづくりも教えられます。しかし，新しい店長は，このプログラムを受ける前に，社内でも異例の抜擢を受けて店長になりました。社内では異論も多かったことは事実ですが，人材不足もあり，しかたなく人事異動が発令されたのです。」
「新しい環境になった店長のフォローや，受け入れ側のスタッフの皆さんに，新しいチームを作り上げるために何かフォローをしたのですか？」との私の問いに対して，
「店長が着任してしばらくは，とにかく混乱していた営業を立て直すことが中心となりました。お客様に提供する商品を作り続けることを優先しましたので，実際のところ，スタッフミーティングも十分ではなかったと思います。自己紹介程度は，初日に私を交えて，数名のスタッフをしましたが，休みやシフトの関係で全員と顔をあわせることはしませんでした。店長も何もわからないまま着任し，そのなかでも精一杯頑張ったと思います。」
このベーカリーに起こっている問題の原因は，コミュニケーション不足であることは間違いありません。

7 アウトプット

まず，3名の社員に集ってもらいました。場所は，ベーカリーから少し離れたカフェの一角です。好きな飲み物を注文してもらい，それを飲みながら皆さんの緊張を解きほぐすことにしました。このような職場の社員に，かしこまって話をしようとすると，かえっていらない緊張を招

いてしまいココロを開いて話を進めることは困難になってしまいます。

「今日はお疲れのところ集まっていただきありがとうございます。先ほどから，いろいろとぶしつけな質問をさせていただいたことをお詫びいたします。しかし，皆様に快く応えていただいたことで，今回起こっている問題について，仮説をまとめることができました。そこで，今からもう少しお付き合いください。シンプルで簡単な質問に応えていただけますか？」

やはり，3人の顔には，なにが始まるのか，少し不安な様子が表れています。

「今から，皆さんにＡ４の真っ白な紙を一枚渡します。この紙に，縦横2本の線を書いてください。書き方は自由です。大きく書いても小さくても，横でも斜めでもかまいません。」

3人は，お互いに見合ってから，少し考えて線を書き出しました。紙いっぱいに書く人，隅のほうに小さく書く人，それぞれのやり方で書いています。

「縦横2本の線を書くと，合計9つの窓ができます。それでは中央の窓に，私が今から言う言葉を入れてください。それは，『店長のこと

で知っていること』です。」

3人は「えっ」という顔を私に向けます。

「さぁ，時間制限を設けます。2分間で書き出してみましょう。あいている8つの窓に，知っていることをそれぞれひとつ書き出します。そして，すべての窓を埋めてください。それでは，スタート！」

すぐに書き出す人もいれば，なかなかペンが進まない人もいます。

「はい，残り1分です。できる限り8つの窓を埋めてしまってくださいね。」

なかなか書けなかった人もあわてて書き出します。

「はい，お疲れ様でした。ちょうど2分です。まだ途中の人も一度顔を上げて，手を止めてくださいね。」

3人は他の人が書いた紙を覗き込んでいます。あまり書けなかった人は，バツの悪そうな顔をしています。

「それでは，紙を裏返してください。先ほどと同じように，縦横2本の線を書きましょう。今度は，中央の窓に書いてもらう言葉を変えます。新しい言葉は，『店長のことで，知りたいこと』です。それでは，2分を測りますので，8つの窓を埋めてくださいね。はい，スタート！」

今度は，3人ともすぐに書き出しました。それもすらすらとペンが走ります。

「はい，2分が経ちました。お疲れ様でした。ペンを置いて，今から，皆さんで話をしましょう。まずは，最初に書いてもらった『店長のことで知っていること』を表にしてください。書き出した言葉を皆さんで見ながら，共通のことを書いていたら，その言葉に赤で大きく丸をつけましょう。ほかの人が知らないことがあったら，どんなことなのか教えてあってください。」

3人は，それぞれが書き出した紙をテーブルの中央に出して，頭をぶつけるようにして読み比べています。

「あれ，店長って子供2人なの？」
「へぇ，ワンパク盛りの長男がしょっちゅうケガをしていることに心を痛めているんだ。」
「奥さんとは社内結婚で，年の差があり，家では頭が上がらない。」
場の雰囲気が変わっていくのがわかります。
「それでは，次の質問の『店長のことで，知りたいこと』を見せてください。同じように皆さんで見てみましょう。」
3人の顔には，先ほどまでの硬い表情がすっかりなくなっています。時には子供のように声を上げながら楽しそうに話をしています。
「お子さんの名前はなんて言うのかな？」
「店長は奥さんに牛耳られているようだけど，お小遣いってもらっているのかな？」
「食事をとらないけど，ダイエットしているのかな？」
どんどん店長のプライベートのことに話題が集中するようになりました。
そのうちに，ひとりからこんな言葉が出ました。
「店長はどうして怒ってばかりいるのかな？」
突然，その場の空気が変わりました。笑顔が消え，3人は下を向いてしまいました。
「店長の価値感や仕事に対する思いなどを本人に聞いてみたらどうですか？　たとえば，実際に店長から言われたことで，まだ理解できないことがあったら，その場面や言われた言葉を教えてください。」
すると，一人ひとり，今まで心の奥にしまっておいたことを，話し始めました。
「慎重な作業をしているときに，後ろから店長に指示を出されたけれど，自分は振り向くことができなかった。すると店長から，『こっちが指示を出しているときには，目を見て話をしろ！』と言われてとても困った。」

「ある週末の忙しい日に原材料が足りなくなり店長に怒られた。発注を少なく修正したのは店長自身だったのに，その後原材料の発注を任せてもらえなくなった。信頼されていないことがとても寂しい。」

8 アプローチ

　3人の会話が出尽くすと，いったん退席してもらい，次に，店長に一人で来てもらいました。店長は，今まで何が行われていたのか，いぶかるような目つきで，カフェに入ってきます。
　「さて，店長にいろいろと質問をしていきたいと思いますが，応えてもらえますか？」
　店長は自信なさそうにうつ向き加減で言います。
　「私のことを何か話しているようですが，私は一生懸命仕事をしています。3人の社員は仕事ができず，どうしようもないので私はいつも困っています。パートさんのほうが，能力が高いくらいです。」
　明らかに店長は動揺しています。風邪をひいているのでしょう。ひっきりなしに鼻をすすりながら，目線をくるくる変えます。先ほどより体調が悪いと言わんばかりです。
　私は，「そうそう，実は3人の社員には，このようなことを聞いてみたのですよ。」とつとめて明るいトーンで話しかけます。
　そして，先ほど3人の社員に書いてもらった縦横2本の線が書かれた紙を，店長に渡しました。店長は食い入るように見ています。
　「3人の社員は，店長のことをこのように思っています。そして店長のことで，聞きたいこともたくさんあります。今から，3人をここに呼びます。まず，3人が知っている店長のことについて，なんでもいいですから話をしてあげてください。次に，3人が知りたいことについて，話してください。ただし，言いたくないことがあったら言わなくて結構です。何を話すかは店長が自由に選んでいただいて結構です。」

9 コミュニケーションが持つ力

　まもなく3人がカフェに入ってきました。はたして店長は話をしてくれるでしょうか。店長の表情は氷のようです。3人も無言で席につきました。

　「さて，皆さんが聞きたかったことを今から店長にお話してもらいましょう。それでは，店長，お願いします。」

　そう言って店長に立ち上がるようしむけると，やおら店長が語りだしました。それは，自分が急にこのお店をまかされて，とても不安であったこと。自信がないまま仕事についてしまい，どのようにしたらスタッフ全員に受け入れられるのか心配であったこと。その心配を隠すために強い口調で社員にあたっていたこと。実は，みんなと仲良く楽しく仕事をしたかったこと。店長の口からはあふれ出るように言葉が出てきました。店長の話をじっと聞いていた3人の目には，いつの間にか，涙があふれていました。

　店長と3人の社員の間にあった壁が，一気に壊れていく瞬間でした。店長は思いのたけを素直に伝えました。3人の社員は，お互いに思い違いがあったことに気づき，共通の理解をすることができました。

　しばらくすると，4人の顔には笑顔が出ていました。

　「さて，いろいろな話をすることができて，皆さんにとってとても有意義な時間を過ごすことができました。ひとつアドバイスさせてください。コミュニケーションが大事なことは，皆さんもわかっていることと思います。ですが，どうやったらいいのか，悩んでしまうこともありますよね。こんなことを言ったら馬鹿にされるんじゃないかとか，どうせ言っても無駄になるのだったら，黙っていようとか。でも，職場のコミュニケーションは，誰か1人が伝えることをおろそかにすると，どんどん伝染していって，誰しもが会話をしなくなっていくことがあるのです。コミュニケーションは質を求めるキライがありますが，

そうでないことがあります。もっと言えば，質よりも量のほうが大事なのです。どんどん会話をして，量を増やせば，質の高いコミュニケーションをとることができるようになるのです。」

4人は，うなずきながら私の話を聞いていました。すると店長がこう言いました。

「今日はみんなの気持ちがわかってとてもホッとしました。しかし，私はすぐに今日のことを忘れてしまって，またもとに戻ってしまうような気がします。それでは何もならない。何かいい方法はありませんか？」

私はすぐさま，みんなでESクレドを作ることを提案しました。

ESクレドを作ることによって，共通の行動指針ができます。どうやって仕事をしていくのか。困ったときには何を基準に判断していくのか。このベーカリーで再びコミュニケーションが取れなくなったとした

（絵：ひすけ）

ら，それぞれが自分たちのＥＳクレドを見て，そして判断していくことができるのです。
　きっと，ＥＳクレドを見ながら，彼らはこう言うでしょう。
「ここのところ忙しさにかまけて会話が少ないな。少しお店の中がギスギスしている気がする。よし，明日の朝，自分から大きな声で『〇〇さん，おはようございます！』と一人ひとりにあいさつをしよう。大きく口を広げて，目いっぱいの笑顔で！」

第3章 大企業におけるESの取り組み事例

「サーバントリーダーシップで社員の成長を促す」
　　　　株式会社アドバネクス　代表取締役会長兼社長　加藤　雄一　氏

株式会社アドバネクス
設　立　1946年
業　種　精密バネなど，精密組立部品等の製造販売
年　商　370億円（2009年3月期）
従業員　3,104名（グループ計）
本　社　東京都北区
URL : http://www.advanex.co.jp

1　社員がここにいたいと思う会社にする

　株式会社アドバネクスは，精密バネメーカーの最大手として，国内外に20社の子会社をもち，社員数はグループ全体で3,104名を数えます。代表取締役会長兼社長の加藤雄一氏は，27歳のとき，先代が経営する同社（当時は加藤スプリング製作所）の初の海外生産拠点としてシンガポールに設立された子会社の社長に就任しました。

　当時は高度経済成長期からバブル経済が始まる時代，まさに「滅私奉公」という言葉に表わされる仕事観が日本のお家芸と言われる時代でした。そんな中，文化も価値観も違う様々な人種からなるスタッフたちへ

のリーダーシップをいかに発揮するか，という課題に取り組み始めました。その頃のシンガポールの職場は，せっかく社員を育成して技術を教えても社員は腕を磨いたら転職していくという状態が続いていたそうです。そのような中，加藤氏は「社員が"ここにいたい"と思う会社にするにはどうすればよいか」と自らに問い続け，次のような結論に行き着きました。

- ○ 働いていて楽しいこと
- ○ 働いた分に対してそれなりのリワード（報酬）があること
- ○ 社員が仕事を通して成長を実感すること
- ○ 社員にチャレンジする機会があること

「社員に一生懸命働けと指示しても，一方的な命令では全く機能しない。私自身が，会社は『自分の城』であるという意識をもって，金銭的報酬を与えるだけではなく"社員一人ひとりの夢"を実現する手伝いをしていくことが必要だと気づきました。」

シンガポール工場を軌道に乗せた後，加藤氏は本社の経営を引き継ぎ，1987年に37歳で社長に就任しました。上場企業としては当時最年少でしたが，不安はなかったと言います。

「シンガポール工場において，多様な価値観や文化を背景にもつ外国人を雇い成長させるという経験を重ねていたので，当時『新人類』と言われていた日本の社会人を雇うのはさほど困難ではありませんでした。自信をもってマネジメントに取り組むことができました。」

現在，世界有数のバネメーカーへと成長したアドバネクスですが，加藤社長が最も重視しているのは，「企業文化」です。

アドバネクスでは，企業としての大切な価値観であるCI（コーポレートアイデンティティ）を明文化した「カンパニー・ステートメント」と，「企業シナリオ」「企業コンセプト」「コアバリュー」の3つから構成された「クレド」を持っています。

「クレド」は，リーダーがコンセプチュアルスキルを発揮して組織を

束ねていくうえで重要なツールとなっています。たとえば，国によってジョークは異なるのだから，"人の琴線に触れるコトバ"も各国で違うはずです。よって，最も大切にしなくてはならないことは全世界共通の『コアバリュー』として定めていますが，カンパニー・ステートメントをより具体的に描いた『ミッション』については，共通ミッションのほかに各地域の拠点ごとに地域ミッションを定めているのです。

　このコアバリューやミッションがあることで，各拠点の社員はアドバネクスとして共通の判断軸をもち，ぶれることなく仕事にあたることができます。これが組織力の向上にもつながるのです。

　働く側の価値観は，かつての「働いて金銭的報酬を得ること」から「働くことそのものの意味を重視する」へと明らかに変化しています。つまり，自分の身を削って報酬を得る「滅私奉公」から自らを社会のために活かす「活私奉公」へと移り変わっているのです。サーバントリーダーシップは，この時代の価値観の変化にあわせて重視されるようになった考え方であるといえます。その仕組みを推進するツールとして，「クレド」や，アドバネクスでいう「コアバリュー」というものがあるわけです。

2 コミュニケーションが企業文化を強くする

　アドバネクスでは，サーバントリーダーを推進する企業らしい，特徴的な取り組みをしています。たとえば，各拠点に「コミュニケーションオフィサー」という役職を配置しています。彼らのトップに立つのが「チーフコミュニケーションオフィサー（CCO）」で，全社のコミュニケーションを円滑に進め，組織力を高めることに注力しています。CCOの管理のもと，加藤社長自らも参画して次のような施策を進めています。

① フリーフロー
　日本国内だけではなく世界各地の各拠点で起こった出来事を皆で共有するための広報物。社内報ほどの格式ばったものではなく，"かわら版"的な簡易なもの。たとえば，ある日のフリーフローは，柏崎の工場で大雪が降った，と写真と共に英語で記されている。これを全世界の拠点で共有することにより，「他地域で起こったことは人ごと」という意識をなくし，お互いに距離は離れていても組織内に一体感をもたらすことができる。
② ポールといっぷく
　加藤社長を"ポール"という外国人名で表わし，経営トップと双方向の円滑なコミュニケーションをとるためにユニークなネーミングをしている施策。その名のとおり，お茶でも飲みながらリラックスした雰囲気の中で気楽に対話をする場として月一回程度行われている。

「コミュニケーションが文化を創る。そしてコミュニケーションを土台にアクションを起こせば，企業文化はより強化され組織力が高まるのです。」

組織づくりへかける加藤社長の心は，自身で描き社長室にも飾っているという一幅の絵にも現われています。木々に止まる小鳥たちの姿と共に「明るく　楽しく　生き生き　夢中に　ヤッタゼ」という言葉が記されており，小鳥たちの表情は，笑顔もあれば，しかめっ面もあります。様々な価値観・背景を持つ人材が集まる組織を，明るく，生き生き，楽しい場へと創り上げ，社員一人ひとりが夢を抱いて人生の成功を得ることで「ヤッタゼ」とガッツポーズをつくれるような，そういう組織でありたい，という加藤社長の強い思いが込められています。

3　社員の能力を生かす土壌づくり

　サーバントリーダーとは，単に心優しく温かなリーダーを指すものではありません。むしろ，"ワンマン"を強く発揮し，社員に対して厳しい姿を示しながらも組織を引っ張る社長ゆえに必要性を感じている概念

であり，そうした厳しさを内に秘めて取り組むからこそ，奏功するといえます。

「電源が入っていないと機械はまわらない。同様に，組織が起動していないと，いくらよい仕組みをつくっても組織は機能しません。」

いくら立派な仕組みをつくったところで，それに関わる社員が動き出さないと効果は現われません。大切なのは「社員の参画」。それを促し，自ら考え動く自律型社員を育てるために，サーバントリーダーシップという考え方は非常に重要であると言えます。

（加藤社長の絵「明るく楽しく」）

Column

"楽しい取り組み" がESクレドを浸透させる

　ESクレドが浸透してコミュニケーションが活発になると，会議がスムーズに進むといった効果があることはもちろん，職場全体が明るく活性化してきます。しかしながら，ESクレドを毎日唱和しているけれど，なかなか浸透しないといった悩みもよく耳にします。

　もともと職場のコミュニケーションが希薄で，「仕事が忙しいのにやっていられない」「発言が少ない」「そもそも意味がない」という雰囲気では，ESクレドを導入してすぐにプラス方向に向かうのは難しいでしょう。

　そこで，効果を発揮するのが，普段の仕事から一歩離れた取り組みをする時間を設けることです。たとえば，「新商品の開発」といったテーマでグループ討論をするといったことです。堅苦しい制限などは設けず，楽しい雰囲気で，アイデアの抽出から企画立案，発表まで何回かに分けて進めてみましょう。

　もちろん，「ESクレド」の項目を要素として盛り込みことは，ルールの中に設けます。ESクレドを活用して，ESクレドのエピ

ソードを共有していくためのステップのひとつといえる取り組みです。

　グループごとに，既存の概念にとらわれず，自由奔放なアイデアで，練り上げたプランのプレゼンテーションをしてもらいます。否定語は徹底して排除し，「できるとしたら……」を合言葉にして，常識的な発想から奇想天外なものまでチームの個性にあふれたアイデアが展開されます。同時に，他のチームの発表にも耳を傾ける傾聴力を磨く場にもなれば一石二鳥です。

　楽しい雰囲気の中で，自由な意見が交わされて，和気あいあいと話が進めばひとつの取り組みとして成功といえるでしょう。

第4章

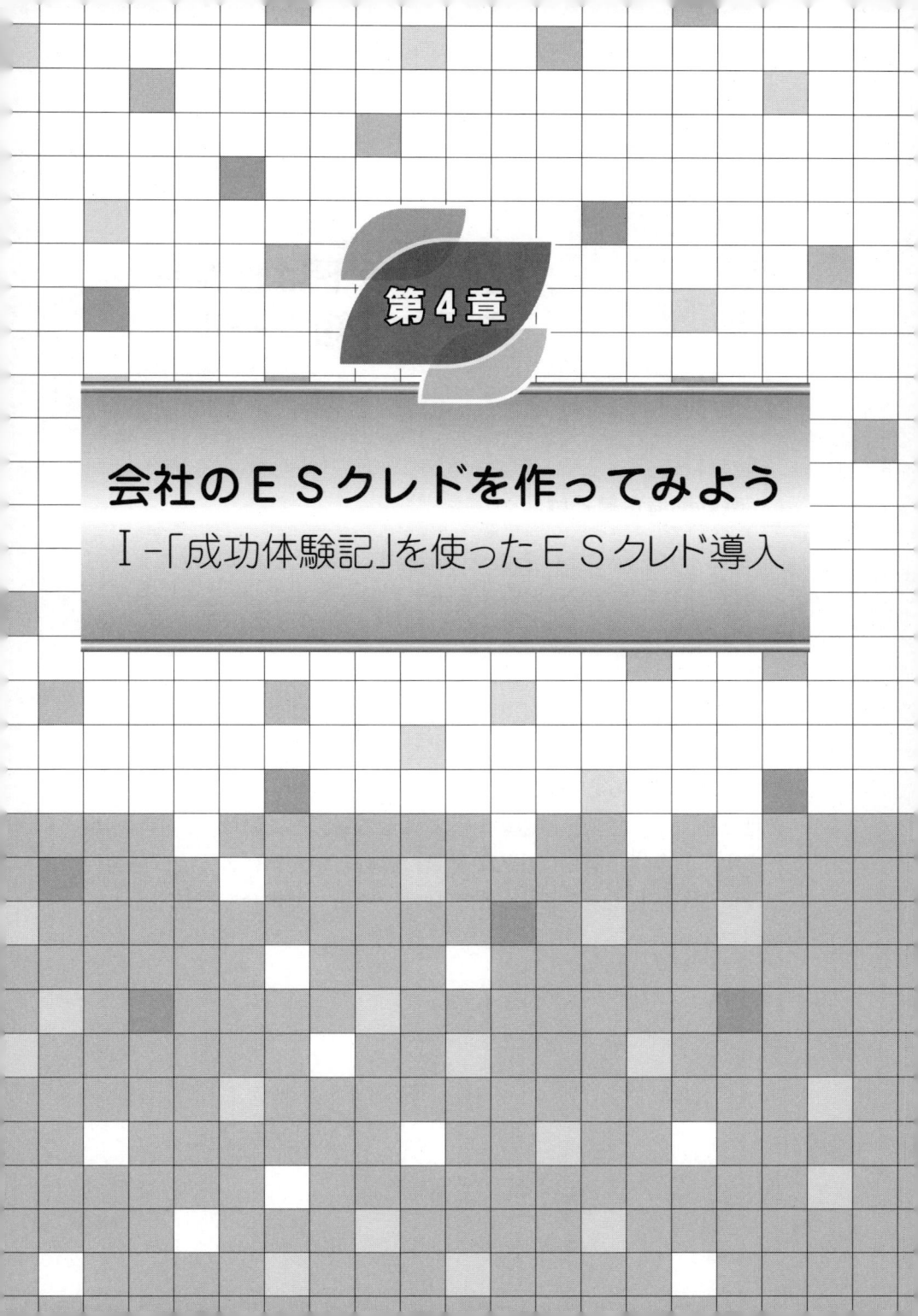

会社のESクレドを作ってみよう
Ⅰ-「成功体験記」を使ったESクレド導入

第4章 1 ＥＳクレドはビジョン実現の最短ツール

1 感動創造企業とは

「ホスピタリティ」という言葉を最近よく耳にします。ホスピタリティとは，「おもてなし」という意味で，思いやり，もてなし，他人へのやさしさのことです。

人は一人では生きられず，他人とのかかわりの中でしか存在できません。そのかかわりを豊かなものにするためには「まごころのふれあい」が大切です。一人ひとりの個を尊重して，相手の立場を考え，相手の痛みまでも感じ取れる心のあり方です。

満足を超えて，感動，感激のレベルに至ると，そこには「共感」が生まれます。お客様の満足に加えて社員の感動との連鎖によって，感謝のレベルにまで持ち上がります。お客様が「感謝して代金を支払う」という状態です。

○「満足」は「普通」のレベルに過ぎない

感　謝	→	感動，感激を超えて感謝の気持ちになる
↑		
満　足	→	お金を払って買っているのだから当たり前（普通のレベル）
↓		
不　満	→	時には怒りを超えて呆れてしまうことも

　いわゆる「感動創造企業」は，ホスピタリティこそが他社との差別化の切り札であって，成功のカギだと考えています。それには，社員に「意識」を植え付けることが必要です。意識化が行動を変え，行動が結果をもたらすのです。その「意識」を植え付けるためのツールとして，ＥＳクレドは有効です。

2 ESクレドは「マニュアル」ではない

　ESクレドを導入することの目的のひとつに「自ら考えて動く社員にする」ことがあります。ただし，ESクレドはマニュアル（作業手順）ではありません。

　もちろん，たとえば「安全」といった業務遂行上不可欠の要素・行動に関してのマニュアルは必要でしょう。マニュアルは，企業の利益を生み出すための設計図であるとも言えるでしょう。しかし，マニュアルの中の項目に基づいた行動から，さまざまなストーリーが生まれることはありません。また，マニュアルに書かれていない事態が生じることもあります。その際，いかに自ら考え的確に行動できるかが求められます。マニュアルはあくまでも業務遂行上の基礎となるものであり，ESクレドはそこに書かれた行動をとることで社員自身も成長し組織の成長に結びつけることができるものであること，このことを理解することが必要です。

　では，ESクレドの効用とは何でしょうか？　次の3つを挙げたいと思います。

　① ESクレドとは，「個人の価値観」と「会社の価値観」を結びつけるツール
　② ESクレドとは，会社の素晴らしいDNA（企業DNA）を意識的に選択して残し，悪いDNAを駆逐するツール
　③ ESクレドとは，ビジョンを最短かつ効率的に達成するためのツール

❶ ESクレドとは，「個人の価値観」と「会社の価値観」を結びつけるツール

　前述の通り，会社にはクレドの上位指針として経営理念やビジョンがあります。経営理念の実現に向かって追い続けていく姿を表すビジョン

は，ある一定の期間における大きな目標であり，10年後や20年後，30年後に向けたあるべき状態を示しています。このような方向性やスタンスといった会社の大きな価値観を個人の価値観と結びつけるツールとして，ＥＳクレドが必要となるのです。

そのため，ＥＳクレド作成には個々の社員の価値観を明らかにするプロセスが必要で，その具体的手法として「会社での仕事を通した成功体験記」というものからＥＳクレドを作っていくのです。

この「成功体験記」という作文を書く行為を通して，日頃の忙しい仕事の中では忘れがちな「達成感」や「承認された喜び」「誇り」などを思い出し，自社の仕事を通した自分自身の成長が組織の成長にも結び付いている，という実感を得られるのです。そして，これらの作文から抽出した言葉をベースに自社のＥＳクレドを創り上げていくプロセスを通して，自己の価値観や会社の価値観を再認識し，つながりを強めていくことができるのです。

❷ ESクレドとは，会社の素晴らしいDNA（企業DNA）を意識的に選択して残し，悪いDNAを駆逐するツール

　どの会社にも「我が社らしさ」というものが存在するものです。

　たとえば，よく「体育会系ですね！」と言われる会社があるとします。蓋を開けてみれば，その会社の社長は大学時代に応援団に所属していた，ある幹部は高校時代にハンドボール部に明け暮れていた，別の幹部は学生時代を通じてラグビーに燃えていた等々，確かに体育会系に属していた人間は多いようですが，それ以上に大きいのは，その会社に掲げてある「修己治人」という座右の銘やクレドによる効果です。

　組織では，良いDNAと悪いDNAが混在しながら「我が社らしさ」をつくっています。これらのDNAは組織の中で勝手に増殖していくため，「我が社らしさ」はその時々に応じて良い方へも悪い方へも姿を変えます。この状態をコントロールし，社内に良いDNAのみを残していくためのツールが「ESクレド」であると言えます。

❸　ESクレドとは，ビジョンを最短かつ効率的に達成するためのツール

　私たち「日本ES開発協会」の活動を例に挙げましょう。

　私たちは，毎年「未来の"働く"を考える～Good job プロジェクト」という活動の一環で，「日光街道徒歩行軍」という企画を行っています。東京日本橋から日光東照宮まで，計143キロの道のりを数回の行程に分けてチームで歩き進めるものです。

　あるチームは，一定区間内の清掃活動をしたりさまざまなワークショップを行ったりしながら日光街道沿いの地域とのつながりを深めることを目的に歩を進めます。一方で，各行程30キロ～40キロの長距離を歩き通し，数日間で全ての行程を踏破することを目指すチームもあります。

　前者のチームの場合はいくぶん心に余裕をもって歩き通せますが，後者のチームの場合はあまりの長距離のため，真っ暗闇の杉並木で思わず走り出したくなるような雰囲気の中でも全く足が前へ出てこなかったり，地元の人に応援の声をかけていただいて気持ちだけでも疲れが回復したりと，それぞれ大変な思いをしながら東照宮への距離を縮めていきます。しかし，「どんな時でも弱音は吐かない」「いつも明るくいこう」「仲良く，喧嘩はしない」「思いやりの気持ちを持って歩こう」等，お互いに長い道のりを歩くにあたっての"心構え"があるだけで，目的地までの行程を無駄にすることなく，チャレンジ精神をもって歩き進めることが出来るのです。

つまり，これを組織に置き換えてみると，ＥＳクレドとはビジョン達成のプロセスを脇から支えるための"行動基準"や"心のもちよう"を示す役割を果たすのです。ですから，ＥＳクレドは単なる心構えではなく，さまざまな取り組みを通してビジョンと結びつき，最終的には経営理念を実現するためのツールであると言えます。

　このような素晴らしいＥＳクレドの効果があるわけですが，単にＥＳクレドを掲げただけでは意味がありません。ＥＳクレドに基づいた継続的でかつ再現性のあるさまざまな取り組み（場）を社員参画で行うことで，はじめてこれらの効果が最大限に発揮されます。

第4章 2　ＥＳクレド作成　４つのステップ

ＥＳクレドは，次のステップで作成していきます。
① 全社員で「成功体験記」という作文を作成する。作文のテーマは，「私がプロ社員となったターニングポイント」「私が仕事を通して感動したちょっと良い話」「私の仕事哲学」「私の会社自慢」の４つ。
② 全社員（もしくはプロジェクトメンバー）で成功体験記を読み合わせ，共感できる言葉やエピソードを抽出する。それらからクレドに組み込みたい言葉を抽出し，付箋や模造紙を使って整理していく。
③ ②で整理したキーワードをわかりやすい表現でまとめ，ＥＳクレドとして文章化する。
④ 全社員でＥＳクレドを共有する。プロジェクトメンバーを中心に「ＥＳクレド発表会」を企画・開催し，全社員のＥＳクレドの理解を深め，ＥＳクレド活用への参画を促す。

以上の通り，ＥＳクレドは社員全員が参加して作成するものです。そのプロセスで，社員は仕事の意義を考え他のメンバーと共有し，自分の人生における仕事観を再認識します。自分たちで作成したクレドであるからこそ，やらされ感を感じることなく主体的に実践しようという意識が働くのです。

作成するプロセスそのものに大きな意義があるため，可能な限り全社

成功体験記の例

☐ 私が仕事を通じて感動したちょっといい話

　私が営業担当をした大阪の下町の建替住宅の話ですが、建替える前の住宅は戦前から建つ木造住宅でした。家族は、祖母と長男夫婦、娘二人でした。打合せは専ら長男夫婦と行い、祖母と話をすることはほとんどありませんでした。ある打合せの夜、夫婦の帰宅が遅れ、祖母と待つことになりました。祖母がお茶を入れてくれ、夫婦が帰るまで私に自分や家族の話をしてくれました。自分の夫は大工で、建て替える家は夫が建てた家であること、その夫は出征し、戦死したこと、空襲で二軒隣まで焼けたのに、自分の家は残ったこと、戦後はその家で洋裁の教室を開き、再婚せず子供を育てたこと、昔のアルバムまで出してきて、私にいろんな話をしてくれました。そして、できたら自分は死ぬまでこの家で暮らしたかったと。祖母は私にそう告げました。夫婦が帰って来て、祖母はその場を離れました。
　その家の解体工事の日に私が現場にいると、祖母が来て、忘れ物がいいですかと聞いて来ました。まだ足場を組み始めたころだったので□した。祖母は古いミシンがおいてある洋裁教室をしていた和室に□鯨尺を取り出し、もう使わないけどこれだけは持って行きます、ま□言って、家を出ました。祖母がとても寂しそうでした。私はとても複□な気分から私はその和室にあった床柱を新しい家で使おうと勝手□
　完成した新築住宅の祖母の部屋の和室には昔の家の床柱が□母は涙を流して喜んでくれました。いい仕事ができたと思いました□立ち会うと、使い古された鯨尺のことを思い出します。

会社名		氏名		能力	自律性/創造力

仕事をするうえでの一番の原動力は「情熱」です。他の言葉でさえば、「何かを変えたい」
「何かを成し遂げたい」という強い思いです。これに関して、私は他の人に負けないものがあると思っています。

　そもそも、小学生の頃、一番最初にパソコンに触れてものすごく感動した経験があるのです。それが一番根底にあると思います。コンピューターは「魔法の箱」であり、これを使えば本当にいろいろな夢がかなうだろうと、そこに奥深い魅力を感じ、ものすごく感動したというのが「情熱」の源になっていると思います。

　決してコンピューター業界に就職しようということではなかっ□感動していたものを仕事にしている。そういう意味において、自分□だからこそ自分は仕事に情熱をもち、少しぐらい失敗してもポジ□と思います。

　その一方で、自分が子供の頃パソコンに初めて触れたときの感□人に得てもらえるような、そんな仕事をこれからもずっとしてい□

☐ 私の仕事哲学
◇あなたが仕事をする上で、お客様のために、仲間のために、一番大切にしていることや基本として守っていることを書き出してください。
◇いつ、どんなきっかけで大切であると思い始めたのかを考えながら、具体的に書き出してください。　　＊400字以上

お客様に感謝される事、笑顔を見せて□□□□いった事、こんなことは言う
ほとんどが御礼からだしたり□□□□　信頼が高く□□□□
質問された方に思っていることより□□確実に話しをし、関連話なども伝えると思い□□
会話みなさんと出来る距離を置くること、躾・選挙が出来るように思える。
分からない事が有るときは、□□□□□聞く
他の立場に立って物事を考え□□□□□気をつける
同じ失敗をくり返さない為に、どのようにすれば今後同様の改善策を考え□
実行していくこと
忙しい職場で、間違えやすいとき、丁寧にやらないといけないと思います。
ないからはの思っているには□□□□□□□□□□□

仕事をしたい・楽しみたい　Confaに楽しみ込み客様と
□□しつつ仲間が離れたり連絡は□しつ◯さ逃がって？

☐ 私の会社自慢

　○○ホームの家はデザイン、性能、コスト、入居後のサービス、どれをとっても他の住宅会社より優れています。社員は楽しく働いています。実際は苦しいことも多くありますが、苦しみ以上の喜びがあります。お客様の笑顔です。社長以下、社員は皆正直です。嘘を言いません。時として会社の収益よりお客様の満足度を優先します。予算がなければ、休日出勤をしてお客様と一緒に床にワックスをかけ、壁に珪藻土を塗る社員もいます。環境と健康に配慮した住宅を、年月と共に風合いを増す住宅を、資産価値が落ちない住宅を提案します。小さ□独自工法を持っています。現状に満足せず、常によ□せん。企画住宅は建てません。量より質を求めます。○ホームで家を建てます。そして、知り合いから住□を薦めます。

会社名		氏名		能力	自律性/創造力

「自分自身の人生は自分で切り開く、作り出していく」というのが、私自身のモットーなので、仕事に関しては素直に仕事のおもしろさを経験したいという思いがあります。ですから、「あと何分で終わり」とか「あと何日でお体み」というように、時計を見ながらする仕事はやりたくありません。
しかし実は、これまで、仕事の領域だけは上手くいかなくて、いつも時間に追われる生活であったり、やりたいことが上手くできなかったり、成果が出せないとか、いつもいらいらしているタイプの人間だったのです。会社に対してもいつも腹を立てていたし、上司にいつでも不満だったし、会社の環境にも納得がいってなかったし、いつも怒っている人だったのです。転職してオペレーターの仕事をはじめた頃にも、やはり同じような状況が起きました。

　そのときに、「自分の人生は自分で切り開く」というキーワードと、自分の状況を見比べてみると□「何か、私がここで学ぶべきものがある」「何か、私自身が□□□□□□□□□
「もう会社や世の中のせいにするのは、いい加減やめにしよう□□□□□□□□□□
したのです。

　そこで私はまず、「この仕事は合っていない」というスタン□□□□□□□□□
に変えたのです。

　わずかなこと、ちょっとしたことかもしれないけれど、相手□□□□□□□□□
できることが私の喜びになったのです。1日に70~80人の□□□□□□□□□
通じて、会話が終わってから、その人の人生の中でほんの一瞬で□□□□□□□□
自分との会話によって少しでもお客様の人生が幸せに向かう□□□□□□□□□
レーターはすばらしい仕事だと思うのです。

■私の仕事哲学
◇あなたが仕事をする上で、お客様のために、仲間のために、一番大切にしていることや基本として守っていることを書き出してください。
◇いつ、どんなきっかけで大切であると思い始めたのかを考えながら、具体的に書き出してください。　　＊400字以上

　私は、仕事をする上でいつも自分に言い聞かせていることがあります。
それは「まずはやってみよう」という言葉を自分の中で常に発することです。
困難な仕事や新しい課題に直面したときに、『無理だ』、『難しい』、『厳しい』といった言葉ではなく、『まずはやってみよう』という前向きな言葉を口にするように心がけることで、自分自身を肯定することにつながります。
　というのも、お客様を満足させ、従業員の満足を追求する場合、自分自身が自信を持ち、常に肯定的な前向きな気持ちで接していくことが大切ではないかと思っているからです。
　職場の中で、ときには否定的な言葉ばかりを口にする人もいますが、そのような人の周りからは仕事を通じての感動や満足は生まれにくいように思います。
　たとえ困難で難しい課題に直面しても「よし、まずはなんとかやってみよう」という気持ちでいれば、たいてい上手くいくものです。
　その蓄積が結果としてお客様満足や従業員満足につながるような気がしてなりません。
　いくつになってもやってみよう精神は持ち続けたいと思います。

員が集まって作成することが重要です．社員数や支店数が多く一同に集まることが難しい会社の場合は，成功体験記のみ全社員が記入し，その後の行程はプロジェクトメンバーを選出して進めますが，成功体験記や付箋，"模造紙を囲んで皆で考える場面などを収めた写真や映像"などを社員全員が見える状態にすることで，組織全体の参画意識を高められるという効果があります．

完成したクレドは小さなカードにまとめて社員全員が常に携帯し，朝礼や会議の場で読み合わせを行ったり，クレドに関連する仕事上の経験や気づきの体験を発表したりしながら，クレドに基づいて行動し組織に浸透させます．

第4章 3 自社のESクレドを作る

1　ESクレド作成にあたり大切なこと

　皆さんには，最近感動した経験はありますか？
　"感動"は意識が内に向いていると得にくく，意識が外に向いていると感動しやすくなる，と言われています。外に向ける，ということは，「アンテナを立てて意識する」ということです。これは，自分の心の動きの問題ですので，「心が動かされたその理由」を考えてみることが重要です。その反復練習によって，潜在意識に刷り込むことができるのです。
　仕事とは創意工夫の積み重ねです。感性のアンテナを高くすることが，「仕事を通した人生の成功・自己の成長」のための第一ステップです。奇をてらったサプライズではない，真の共感が生み出されたときにはじめてお客様や社員同士の"感動の共有"ができるのです。
　「感性」とは人間が持つ知覚的な能力のひとつで，直感的，いわゆる第六感であると考えます。誰もが見ている現象に対して，当たり前のこととしてやり過ごすか，何かに"気がつく"か，ということです。「興味」「好奇心」と捉えると分かりやすいかもしれません。
　ニュートンが万有引力の法則を発見したとき，リンゴはニュートンが見る前から下に落ちていました。リンゴだけではなく，いろいろなもの

が下に落ちていたのです。ただ，ニュートンがリンゴの木からリンゴが落ちるのを見たとき，何故だと考え，そして引力に気づきました。ニュートンがそのような物理的現象の感性のアンテナを持っていたからこそ気づいたのです。

　このように感性のアンテナを高くすることが大事であり，この感性を仕事に向けることが感動創造企業への第一歩となるのです。

では，感性のアンテナを磨くにはどうしたらよいのでしょうか。それは"一流"のモノを見て，そして体感することです。そして一流の仕事に触れることです。美術，音楽等の芸術品でも，スポーツといった分野でも何でも同じです。旅などの非日常的な行動の中に，感性を磨くコツがあるかもしれません。

2 あなたの成功イメージが「成功」を創り出す

　ＥＳクレドの"素"となる「成功体験記」を書いてみましょう。ポイントは，「先に成功のイメージを描く」ということです。自分が仕事で達成感に満たされた姿を想像する，数年後の成長した自分の職場での姿を想像する，というように，「仕事を通して得る新たな知恵や能力」「仕事を通して得る新たなやりがいのある仕事」「自分の仕事をまわりから認めてもらうこと」そして「自己の成長」というおカネ以外の仕事の報酬を得て自分が目指す人生の成功を実現している姿を思い描くのです。

　成功体験記のテーマは「私がプロ社員となったターニングポイント」「私が仕事を通して感動したちょっと良い話」「私の仕事哲学」「私の会社自慢」です。言葉を飾り立てたり格好を付けたりする必要はありません。誰にでも伝わるシンプルな言葉で，自分の思いをそのまま書いていくことが重要です。会社に入って間もない社員には，今まで勤めていた会社での成功体験を書いてもらうか，今後の仕事を通した成功イメージを書いてもらうか，いずれでもよいでしょう。

各人が書いた成功体験記は全社で集め，社員全員あるいはプロジェクトメンバー（ＥＳクレド作成プロジェクトのメンバー）で読み合わせをします。熟読する過程で，共感した（気になった）言葉にマーク（ラインマーカー，蛍光ペン等で下線を引く）を付けながら読み進めます。なぜ共感したのか，なぜ気になったのか，を考えながら読んでいくことが重要です。分からない点は，書いた本人に直接インタビューして聞き出してみましょう。そして，マークを付けた言葉は各自が付箋に書き，模造紙に貼り出します。この段階では，言葉をそのまま抜き出し，表現を要約したり別の言葉で表現したりする必要はありません。

　これらの抽出した言葉が，ＥＳクレドの原案になります。ここからは，グループワーク形式で進めていきます。

　グループワークは，リーダー役を決めて「ＥＳの考え方をベースにクレドを作る」という方向にズレが生じないように進めていきましょう。ちなみに，社長には外れていただくのがよいでしょう。やはり社長が入ることで社員の「おもい」が小さくなってしまうからです。社長は発言したい気持ちを抑えて，社員を信じて外野から眺めてみてください。

第４章　会社のＥＳクレドを作ってみよう

このグループワークは,「ＫＪ法」を活用して進めていくとよいでしょう。
　※　ＫＪ法について詳しくは92ページ参照
　ＥＳクレドが完成したら,社員だけではなく,会社の関係者（取引先など）も含めて発表会というイベント形式で披露すると良いでしょう。
　アンテナを高くして仕事に向かい,お客様に満足を与えるためのＥＳクレドです。ＥＳクレドが完成しただけでは全体の30％位しか終了していません。毎日の朝礼でＥＳクレドの読み上げやスピーチをしたり,ある場面ではどのＥＳクレドを判断基準とすべきか話し合ったり,社員がいつでもどこでもすぐにＥＳクレドを取り出して見る習慣を作り,会社と共感した行動を遂行できるようにすることです。そして,日々の仕事上で判断に迷う場面に遭遇した時,あるいは部下を指導する時などにすぐにＥＳクレドに目を通して,「自ら考え軸のぶれない行動」を実行できるようにします。

成功体験記の様子

第4章 「成功体験記」を利用したESクレド作成事例

【オリジナル美容商品販売，通販企画事業等】東京都渋谷区　社員数30名

　この事例は，美容商品販売や通販企画事業等を行っている中規模の会社です。若い頃から部門の長を任されるなどリーダーシップを発揮して実績を挙げられた社長が率いる，若手社員が中心の活気ある組織です。

　ESクレド作成にあたっては，まずキックオフとも言うべき「これからESクレドを作るぞ」という宣言を社長にしていただきました。それは全員に「ESクレドとは何なのか」「なぜ今ESクレドなのか」ということを理解してもらうための場でもありました。

　このキックオフ時に皆に書いてもらう「成功体験記」に関しては，当初「ウチの社員がホンネを書いてくれるか」という不安が経営陣の中にありました。しかし，普段からミーティングやさまざまな場で発言しているような社員だけではなく，そういう機会がなかったり性格的に積極的に発言できないような人も，手書きで一生懸命に書いた成功体験記を読むと，「やっぱり人って何か言いたいんだな」「素直に言葉を出してくれたのだ」ということを実感したと言います。

　普段は表に出していなくても，仕事に対する熱意や真摯な姿勢がヒシヒシと伝わってくるエピソードばかりで，「あの時にこんな風に感じて仕事をしていたのだな」と再確認することもでき，定期的に対話をして社員が考えていることを伝えてもらうことは大事だと思いました。

成功体験記を集めたあとの作成プロセスは、プロジェクトメンバーを募って進めました。メンバーは皆、人の意見も聞けるし、自分が普段は仕事上で言えないような考え方などもまわりに伝えられるということで、楽しんで取り組んでくれました。
　仕事に対する哲学を表現する場はあまりないのだな、そのような対話の場を設ける大切さを本当に実感しました。
　プロジェクトメンバーの取り纏め役をしてくださった管理部長は、次のようにおっしゃいます。
　「社員の不満を減らす努力は大切だと思いますが、不満なんて絶対にゼロにはならないと思うんです。それよりも、いかに組織のプラスの面に目を向けることが出来るかが大切だと思います」。
　社長は、自社のＥＳクレドの位置づけとして、「このとおりに行動すれば、お給料も上がって良い仕事もできて、うちの会社で幸せなハッピーな生活を送れると思えるようなものをつくりたい」とおっしゃっています。
　普通、経営理念やビジョンは全て経営者の押し付け、トップダウンで掲げられるものです。そのような会社の方針を踏まえて社員側のボトムアップで成り立っているものは実はあまりありません。社長の統率力・カリスマ性がとても強い会社ですが、自分たちが参画してクレドをつくることによって、「自分達で作り上げた」という意識が生まれ、ＥＳクレドへの責任と誇りを醸成することができました。
　中小企業では、一人ひとりが自律性を持って仕事をしていく、つまり「自ら考えて動く」ことが目標達成のために不可欠です。そのため、この会社では迷った時の判断基準としてもこのクレドを活用しています。
　たとえば、美容商品を扱っているこの会社では、不良品が生じた時などには、注文が来てもストップして改良することが大切です。しかし、数字だけ達成しようと思えばどんどんどんどん業務は進んでいってしまいます。目先の数値目標だけを示していたら、問題が生じても立ち止ま

らずに売ってしまうかもしれません。でも，判断基準としてのクレドがあれば，社会的な問題になった食品メーカーの不正表示など，誤魔化したりだましたりしてまで売るということはありません。ESクレドという信条で，「我が社にとって正しいこと」を決めておけば，一人ひとりが的確かつスピーディーな判断で行動することができます。

　ESクレドを作ってみて，すぐに会社が変わったということはないと言います。しかし，社員の皆でワイワイやりながら作ったクレドだからこそ，真面目な場だけではなくて日常の冗談まじりの会話の中にもESクレドの話題が出るそうです。そのようにして少しずつでも浸透していけば，必ずもっと良い会社になっていくはず，という確信が組織の中に生まれました。

Column

○KJ法とは？

　ブレーンストーミングなどの発散技法で出されたアイデアなどをまとめる「収束技法」のひとつです。テーマに対してひとつのアイデアを1枚のカード（付箋まど）に記入し，模造紙上などに並べます。そのカードを類似するカードごとにまとめて名前をつけ，書かれた内容全体を文章にして構造化する方法です。ここでは，ＥＳクレドの作成に必要な段階までご案内いたします。なお，名前のＫＪの由来は，考案者である川喜田二郎氏のイニシャルです。

ＫＪ法は4つの作業段階から成ります。
　【第1段階】
　ブレーンストーミングなどで出されたアイデアなどをカードに書き出す（1枚のカードにはひとつの事だけを書く）。そして，作られたたくさんのカードを模造紙上などにばらばらに広げてみます。

　【第2段階】
　集まったカードを分類します。関連性のあるカードを重ねていき，いくつかのグループに分けます。最後に，それぞれのグループの内容を簡潔に表す見出し（一文）をつけます。分類作業にあたっては先入感を持たず，同じグループに入れたくなったカードごとにグループを

形成するようにします。また，1枚のまま残るカードがあっても構いません。無理やり他のグループと一緒にしないようにしましょう。

【第3段階】

　第3段階では，第2段階で作ったグループの「見出し」を眺めながら，互いに類似性のあるグループを中グループにまとめます。この時，近いと感じられたカード同士を近くに置きます。そして，カードやグループの間の関係を示したい時には，それらの間に線を引くなどします（模造紙が便利なのはこのためです）。

　この作業を何度かくりかえし，10近くの大グループにまとまったらグループ化作業は終了です。基本的には，この項目がクレドのベースになっていきます。

第5章

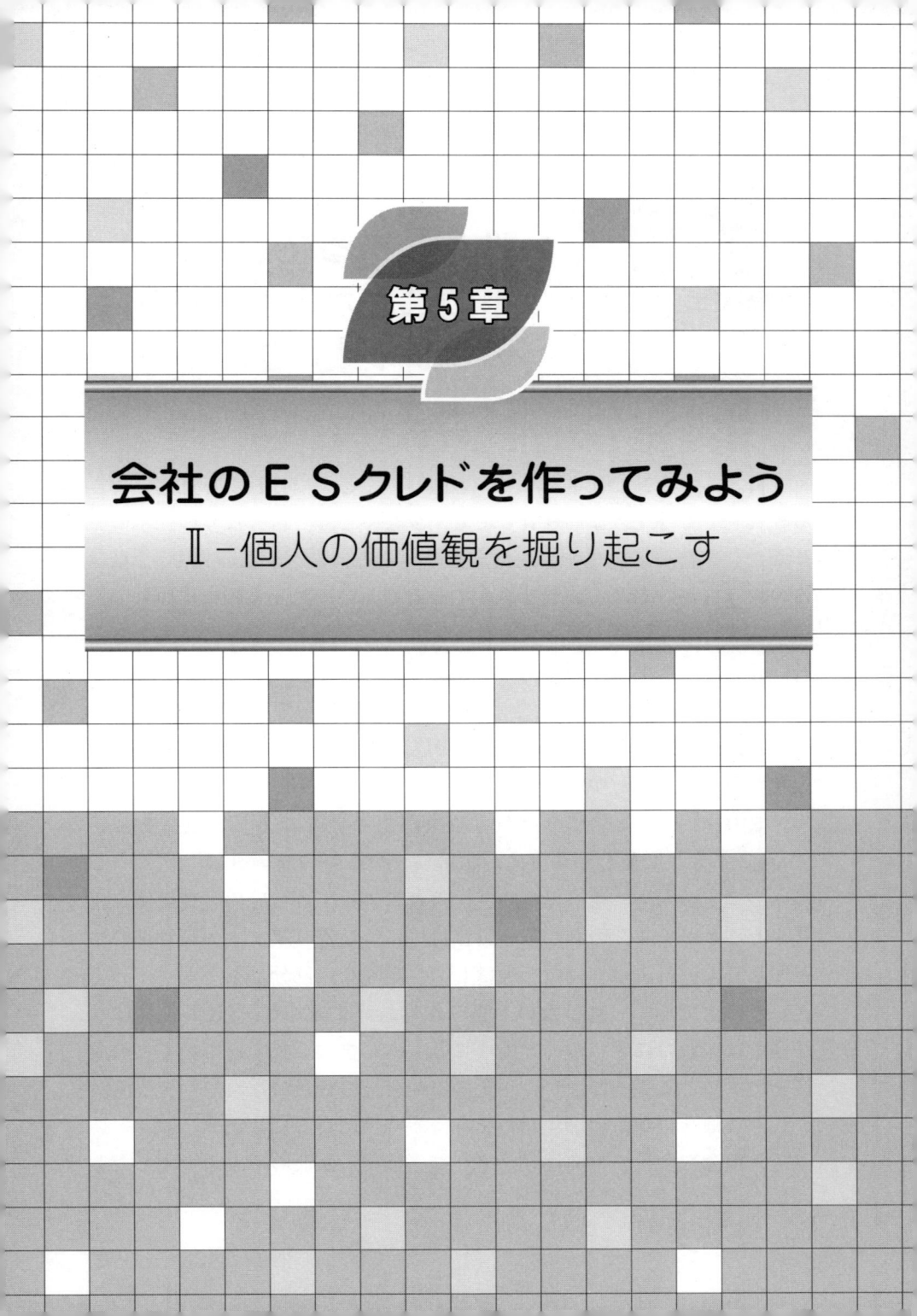

会社のESクレドを作ってみよう
Ⅱ-個人の価値観を掘り起こす

第5章 1 誰もが持っている「仕事のこだわり＝『マイ・クレド』」を知る

　社員として会社で仕事をしている限り，たとえば社長から見て「できる社員」でも「できない社員」でも，少なくとも「自分なりの仕事のやりかた」を持っています。ただ，そのやり方にムダがあったり，「私はこのやり方がいちばんいいと思っている」といった先入観に捉われて，旧態依然とした仕事のやり方を続けていることなどにより，結果として低い評価につながっているケースがあります。

　人は，「こうやりなさい」と指示されると反発してしまいがちですが，「なるほど，こうすればいいんじゃないか」と自分から気づけば，受け入れて行動することができます。

　つまり，「そんなやり方だから結果が出ないんだ！」と頭ごなしに「否定」すると反発心が芽生え，次第に"やる気のない社員"化してしまうのです。人は"認めてもらう"ことによって，自分の存在価値を確認することができ，それが強い動機付けにつながります。労務管理の基本としてよい方法は，長所を伸ばして，足りない部分は気づかせていくということです。じれったいと思うかもしれませんが，"長所を伸ばせば短所は味わいに変わる"ということもあります。長い目で見て人の成長を促すことによって，かけがえのない会社の社員になっていきます。これからは「いかに活かすか」を考える時代になるでしょう。

　経営理念や会社の方向性は，トップ（社長）が決めるものです。たと

えば,「お客様に喜んでいただくことが最高の幸せ」と思って働いてくれている社員がいるとします。このような考え方は素晴らしいことで,このような社員が増えることは会社にとって喜ばしいことです。しかしながら,そのために採算度外視で仕事をされても困ります。やはり,利益を残してこその会社経営であって,それによって社員の生活が保障されます。「愛さえあればお金なんて……と思ったけれど,やっぱりダメ」なのと同じように,生活基盤の確保は重要です。生活が脅かされている人に他人を喜ばせる余裕はありません。すべては,トップの意思決定と統率力があってこそ成り立つのです。

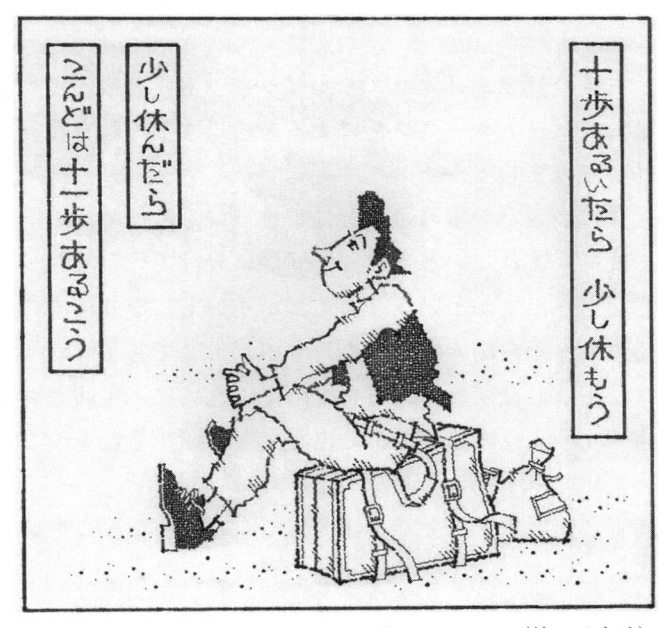

十歩あるいたら 少し休もう
少し休んだら
こんどは十一歩あるこう

（絵：ひすけ）

第5章 2 「マイ・クレド」のアウトプットと活用方法

　各社員の考え方を引き出し，一人ひとりの「マイ・クレド」を抽出します。

　これは，有限会社ヒューマンスキルプラネット代表取締役の篭池哲哉氏が考案したスピードラーニングによる方法です。これを使ってマイ・クレドを作ってみましょう。

　対象の社員に会議室や事務所などに集まってもらって，いっせいに行います。一度に集まれないときは，何回かに分けて行いましょう。いかに「本音」を引き出すかというところがポイントになりますので，事前に配布するよりもその場で書いてもらうのがよいでしょう。

　マイ・クレドは，社員の考え方を抽出するために，主観と客観，両面から，書きやすいように短い言葉で出してもらい，それをつなげていきます。

　Ｑ１．まず，仕事をする上で大切にしていることを３つ書いてもらいます。

　Ｑ２．次に，提供している商品・サービスそのものについて記入してもらいます。

　Ｑ１，Ｑ２をそれぞれ一文にまとめてもらいます。さらに，それを一文にまとめたものが，マイクレドになるのです。

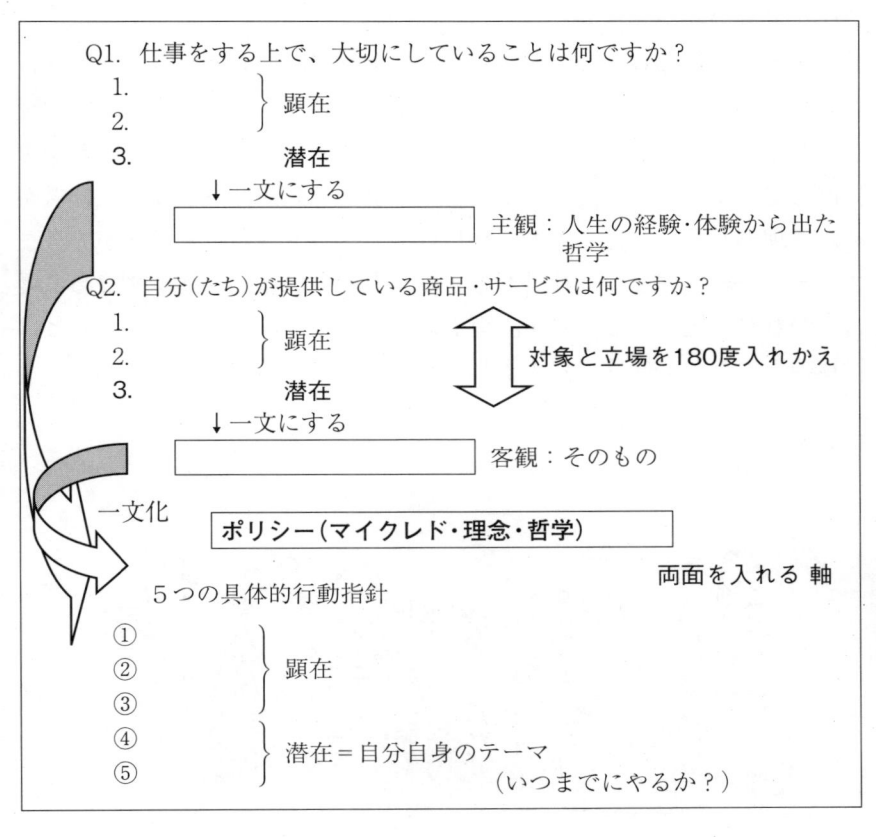

(図表)

```
Q1. 仕事をする上で、大切にしていることは何ですか？
  1. ┐
  2. ├ 顕在
  3. ┘  潜在
     ↓一文にする
    [_____]  主観：人生の経験・体験から出た
                        哲学

Q2. 自分（たち）が提供している商品・サービスは何ですか？
  1. ┐
  2. ├ 顕在
  3. ┘  潜在
     ↓一文にする
    [_____]  客観：そのもの
```

対象と立場を180度入れかえ

ポリシー（マイクレド・理念・哲学）

両面を入れる　軸

一文化

5つの具体的行動指針
① ┐
② ├ 顕在
③ ┘
④ ┐ 潜在＝自分自身のテーマ
⑤ ┘　　（いつまでにやるか？）

　最後に，マイ・クレドから5つの具体的行動指針を書いてもらいましょう。これが各社員が考える仕事のやり方です。
　各社員の考え方が出てきたら，全員で共有する作業をしてみましょう。やり方はいろいろ考えられますが，目的は「社員一人ひとりがどういうスタンスで仕事に向き合っているか」を全員で分かり合うことです。普段は口数が少なくてほとんど話をしたことがないAさんって，こんなふうに考える人なんだ……などという親近感が芽生えることがあります。さらには，「なるほど，そういうふうにやるとすごく効率的でいいね」

とか,「こうすれば,どう?」といった具合に,コミュニケーションの活発化にもつながります。

　あまりに回答にバラつきがあったり,トップの考えと異なる回答が目立つようであれば,経営理念が浸透していないかもしれません。経営理念が明確に社員に伝わっているか,分かりやすい表現になっているかを見直してみることも必要でしょう。トップの意思がはっきりし,社員がそれを理解してはじめて,社員はベクトルを合わせることができます。また,経営理念は「社員と考える」ものではなく,トップである経営者が意思決定するものです。ボトムアップで作る「ESクレド」とは対極のものとして分けて考えましょう。

第5章 3 会社の価値観と社員の価値観の融合

　私たちは，何らかの使命を持って生まれてきています。自分は何のために生まれてきたのか。そんな考えが頭の中にふと持ち上がることがないでしょうか。

　人生には，いろいろな楽しみ方があります。家族や友達と共有する満ち足りた時間，感動的な自然を目の当たりにした瞬間，自分の好きな空間でくつろいでいる時，おいしい食事，好きな音楽，高価な服飾品を手に入れたとき，それぞれの感性で楽しんで生きていけるものです。しかし，実は，もうひとつの大事なあるポジションを意識できる人こそ，最高のシアワセを手に入れているのです。

　それは，人から認められていること。そして今よりもっと認められたくて成長し続けること。そのような状態だから，とても有意義な時間を過ごしていけるのです。

　たとえば，こんな人がいるとします。彼は，おおよそ社内でいちばん仕事についての解決能力を有していて，誰からも一目置かれています。カミソリのように鋭い感性と，周到な準備で，次々と仕事をこなしていきます。しかし，昇進や昇格は同期と比べ遅れているのです。つまり社内での評価は，あまり高くないのです。

　このような人は，実はどの会社にもいるのです。このような人は，どうして評価されないのでしょうか。それは，上司から見て，違和感を覚

えることに原因があるようです。

つまり，とても仕事ができるけれども，周囲との協調性が足りなかったり，会社の方向性と合っていないため，上司から見ると使いにくい人になってしまうのです。

◆ESの状態を創り出す，いわゆる「ダブルスタンダード」という考え方

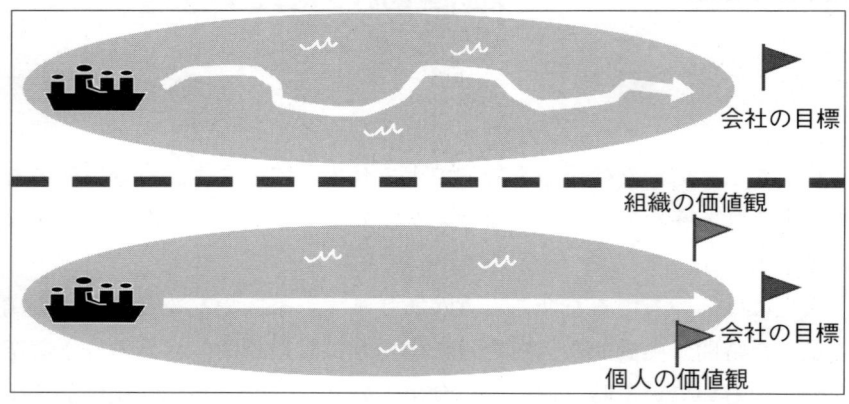

　船に人が乗っていますが，これは会社や組織を表しています。会社や組織は，ある目標を達成するために集まっています。しかし，船に乗り合わせた人たちが，異なった意見を主張しあい同じベクトルに向かうことができなければ，船は蛇行してしまいます。（上の図）
　下の図は，船に乗った人たちが，個人個人の価値観を話しあい同じベクトルに合わせ，しかも組織としての価値観にもベクトルを合わせた状態です。そうすると，最短距離で，意識がぶれることなく目標に向かって進んでいけるのです。

ダブルスタンダードが目指すもの

　会社の価値観と個人の価値観を合わせることができないまま業務を遂行しているということは，常に違和感を覚えながら仕事をするということです。その結果，行動に前向きさがなくなってしまい，業績を上げることができない状況に陥ってしまいます。反対に，価値観の共有が図れると，自ら考えて行動できる社員に生まれ変われるのです。

　自分の価値観と会社の価値観の融合こそがダブルスタンダードです。たとえば，会社の価値観（⇦経営理念，経営ビジョン……）」と「自分

の価値観（⇐自分史シート）」を書きだして，この2つを対比して融合する作業を行うのです。

ダブルスタンダードの確立によって，組織と個人が何をしていくのか，その向かうべき方向を合わせること，これが「ベクトルを合わせる」ということです。

自分で決めた行動が，そのまま組織の利益に跳ねかえってくることで，同僚や上司から認められ喜びを感じます。より強く組織のベクトルと個人のベクトルを合わせ何ができるかをみずから考えて行動するのです。

これが，我々が提唱している，「自律した社員」の姿です。自立ではなく，自律です。自律した社員になりたくない，という人はいません。誰でもそうなりたいと思っているのです。しかし，いろいろな環境や要素がうずまき，場合によっては自分で自分に足かせをつけてしまって前向きに考えることができないことが多いのです。

よって，会社のほうから，一皮向けることができる"しくみ"を作ってあげることが必要です。このダブルスタンダードという"しくみ"は，自我に目覚め，自ら会社のベクトルを理解し，そして行動できることができるという，とてもパワフルな考え方なのです。

第5章 4 ＥＳクレド作成事例の紹介

1 介護デイサービス業

秋田県大館市　社員数10名

　当社は，介護デイサービス業等を行っている10名の会社です。2008年8月8日に設立された若い会社ですが，もともと社長は神奈川県で異業種の会社を経営されており，「介護」を通して社会に貢献するという人生の目標を実現するためにふるさとである秋田県で事業をスタートさせたバイタリティあふれる方です。

　経験がない分野の業種で創業するにあたり，倫理法人会などで学んだ知識や人脈を生かして，経営理念や事業計画について綿密に計画しました。

■**明確な経営方針の確立**

　社長がまず経営方針の柱に据えたのは，「お客様第一主義」という概念です。お客様の笑顔とお客様の感動が最大の喜びであり，サービス業に徹するという決意表明でもあります。また，その実現状態を次のようにイメージしています。

「笑顔がいっぱい」
「また，行きたくなる」
「また，行かせたくなる」

「みんなに教えてあげたい」

「みんなに自慢したい」

　次に大切にする事項としては，地域の雇用に寄与することです。当社の地元ではとくに年齢層の若い層の人口が減少傾向にあるため，地域社会の発展のために貢献したいという考えがあります。職員の募集にあたって，性別，年齢を全く問わないことはもちろん，地域社会の発展に貢献したいという思いを持った方を大切にしたいと考えています。

　会社にとって職員は宝です。終身雇用は当然として，生涯現役を基本としています。大げさにいえば，今は"社員"として会社に来るのですが，そのうち"お客様"として会社に来るようになる，というように立場が変わるだけという考え方です。もちろん，ある日突然立場を変えてもらうようなことを迫るわけではありません。加齢により仕事の幅が狭まってもできる範囲で会社に関わっていただくというスタンスです。お客様とともに，全職員が感動する職場であり，夫婦・親子・両親・祖先・会社・地域・国家，そしてすべての物，人，に"感謝する"心を持った職員の集まりです。

　また，会社を"プラス思考の人間育成道場である"と位置付けています。そのための自己研鑽の場の提供の一環として，職員全員に毎週朝6時から開催される大館市倫理法人会のモーニングセミナーに積極的に出席するように働きかけています。その他，職員が要望するセミナー等，勉強会は，業務に影響がないように調整し極力参加する機会を作っています。わが社は，自分磨きを大切にする職員の集まりです。

仕事の結果＝考え方×熱意×能力

　正しさよりも，明るさを！

　何が正しいのかではなく，場を明るくすることが最も大切なことです。

■**会社が行っている取り組み**

　当社では，お客様の"家族"へ向けた取り組みも行っています。ご家族の方にも感動を共有していただこうという企画です。その日のご報告

（思い出アルバム）として，笑顔の写真入りで，「今日はこんな1日でした」これを話題におじいちゃん，おばあちゃんと，家族みんなで話していただくための"ネタ"としてプレゼントしています。他にも，毎月の報告として，その月のトピックスを綴った月刊誌を発行したり，お誕生日にはみんなでお祝いします。

また，未利用者様へのご案内として，初めて会った方には，必ず出逢いに感謝FAX，ありがとう葉書を即行で出すほか，月刊誌を毎月第一週の金曜日に発送しています。

職員への対応も忘れてはいません。「美点発見カード」という制度を作って，自分以外の職員の良い点を見つけ出して，カードに記入して提出するというものです。良い点を見つける意識を強化する，という点に社長のプラス思考の重要性がにじみ出ています。

■社長の思いを社員にどう伝えていくか

これだけ明確な経営理念があっても，社員の仕事のスタンスに至るまでの細かい点についての社長の思いを伝えていくことは思った以上に困難でした。とくに注意すべき問題点があるわけではなく，むしろよくやってくれています。

社長にとっては，"無難"にこなしている仕事ぶりをみて満足はしても，これでお客様の感動が生まれるのかという"ぜいたく"な悩みがあったのです。よくやっている社員に対して，無理に価値観を押し付けてもうまく行かないような気がします。

このような状況から，「社員研修」を依頼されたのですが，「マイ・クレド」をやってみることにしました。

■一人ひとりの「マイ・クレド」の抽出

第1ステップで，（図表☞P.99）のシートを使って，記入します。終業後の会議室に，社員を集めたうえで，いっせいに行います。

まず，「仕事をする上で大切にしていること」を3つ書いてもらいます。3つと言うと一瞬場が止まりますが，必ず3つ書いてもらうように

します。先入観を持たれないようなヒントを与えながら，時間をみて進めていきます。

　次に，「自分が提供している商品・サービス」を３つ書いてもらいます。最初に比べてペンが止まって，書きにくいようです。

　さて，ここで，３つを一文に凝縮してもらいます。やっている社員は「何をやらせるんだ」という表情を見せますが，「成功体験記」（第４章）を書くときと同じようなヒントを出します。すなわち，まとめて言い換えることが困難ならば，そのまま組み合わせてみても構いませんし，そのままつなげてもよいということです。

　さらに，それぞれの一文を，さらに一文化していちばん下の欄に記入してもらいます。これが，この社員のマイ・クレドであり「軸」です。

　「マイ・クレド」が完成したら，今度は，そのポリシー（マイ・クレド）に沿う具体的な行動を５つ記入してもらいます。ここでは，マイクレドを基にした具体的行動指針ですので以外に筆は進みますが，５つというのがポイントです。

■マイ・クレドからＥＳクレドに発展させる

　経営理念が明確なことはもちろん，当社の一番の強みは「創業直後」だったことです。過去の職務経験はともかく，組織に染まった社員がいない，すなわち全員が"新入社員"だったのです。そこで，まず社員一人ひとりの仕事に対する考え方を「マイ・クレド」を使ってアウトプットしました。

　教えてもらったことを理解して身につける，という作業は学校教育以来慣れてきていますが，自分の考えをアウトプットするといった作業は慣れていないため難しく感じるようです。いきなり，「あなたの仕事のスタンスは？」と聞かれても，聞かれたほうはポカンとしてしまいます。その点，マイ・クレドのワークを活用すると具体的なスタンス，信条が浮かび上がってきます。

　マイ・クレドが出てきたところで，それを社員で共有化する作業に移

りました。お互いの考え方を聴きながら、共感するキーワードが出るたびに場の空気が一気に盛り上がっていきます。模造紙を使って、共感を得たキーワードを抽出していき、"我々全員"の行動指針にまとめ上げました。これが、当社のESクレドになったのです。

当社のESクレド
1. 私達は、人生の大先輩であるお客様を敬い、笑顔、まごころ、つながりを大切に接します。
2. 私達は、「また来たい、楽しかった」と言って頂けるように元気に笑顔で接します。
3. 私達は、仕事もプライベートも計画的に情熱を持って行動します。
4. 私達は、スタッフの和を保つため、互いに相手を気遣い、常に感謝の気持ちで接します。
5. 私達は、最高のサービスを提供するため、お客様の健康に留意することはもちろん、自分自身の体調管理にも万全を期します。
6. 私達は、清掃を通じて、心みがきに努め、感動する心を養います。

■ESクレド作成後の取り組み

　定期的に「あなたが大切にしている価値観とはどのようなものですか？」「1年後，3年後に実現したい目標はどのようなものですか？」といったテーマに対して，ESクレドの項目を切り口に作文を書いて，ワールド・カフェ（☞P. 116）を行っています。

　ワールド・カフェを行うと，否が応でも盛り上がります。途中入職などで，なかなかESクレドに馴染めない職員でも，ワールド・カフェによって会社の"輪の中"に引き込むことが可能になっています。

2 食品製造業

静岡県某市　社員数350名（うち80％パートタイマー）

　ここは創業100年を経た歴史のある会社です。その会社が作り出す食品は，地元をはじめ全国に愛されておりとても評判がよいようです。しかし，社長には悩みがありました。それは，その会社がもつ組織風土でした。会社の長い歴史によるところかもしれませんが，従業員のほとんどが，よく言えば「従順な性格」なのです。逆に言えば，現場から意見

や提案が上がってこない，そして改革の旗頭になるようなガッツのある社員がいないことに社長は苛立ちをおぼえていました。

「わが社の社員は，一言で言うと，おとなしいというか素直というか。命令したことはその場では『はい』と言うのだけど，なかなか仕事が進まない。できない理由を尋ねても『忙しいから』とか『時間がないから』とか言うだけなのです。私の目から見ると，やる気を感じさせる人間がいないのです。」

■会社の価値観はなかなか伝わらない

　当社には，常日頃に社員に言っている〈二つの約束〉があります。
〈1つめの約束〉我々は，お客様の信用を第一に考え，常に挑戦し続けて心から喜んでもらえる商品を創造する。
〈2つめの約束〉社員は，勤勉と探求をモットーに明るく元気な職場作りを目指す

　すばらしい会社の理念です。食品偽装事件から始まった企業のコンプライアンスに対する考え方は，食品製造会社にとって看過できない問題です。その上で，どのような会社にしていくか，という基本的な方向性もとらえたとてもすばらしい理念だといえます。

　それではこの〈二つの約束〉を，社員の皆さんは理解しているのでしょうか。

「悲しいことですが，あまり浸透していない……。」

　では，手始めに，〈二つの約束〉を，社員に覚えこませ習慣化する必要があります。「何度言っても理解しない社員ばかりだ」と嘆いているより，社長の言いたいことを理解してもらう方法を考えるべきだということです。人間の記憶はとても曖昧なものですし，覚えた先からどんどん忘れていくものなのです。しっかり記憶させ，行動の基準にし，さらに習慣化させなければいけません。

　まず，全社員を対象に，仕事の本当の意義について話をして，〈二つの約束〉を社員が理解して，個人個人の価値観と合わせる"しくみ"づ

くりをすることが必要です。そして価値観が共有できたところで，行動基準というか，仕事を通じて困ったときの"こころのよりどころ"にしましょう。

　会社の価値観と個人の価値観を合わせることができないまま業務を遂行している社員は，常に違和感を覚えながら仕事をすることになってしまい，行動に前向きさがなくなってしまいます。その結果，業績が上がらなくなってしまいます。価値観の共有が図れれば，自ら考えて行動できるように社員に生まれ変われるのです。

■**会社の現状は**……

　1時間ほどかけて，たっぷりとディズニーランドで起こった仕事を通じて味わう感動小話をしました。とても熱心にうんうん，とうなずいて話を聴く社員ばかりです。

　「……このように，ディズニーランドでは夢のある仕事がありますが，たまたま自分の希望する仕事に就けなかった人たちも大勢いるのです。しかし，その仕事だってとても重要な仕事であることは間違いありません。希望以外の仕事についたスタッフには，どのようにしたら前向きになって，仕事をしてもらえるのか，そのヒントをお話しました。どうぞ，この話を一人ひとりが持ち帰っていただき，有意義な仕事人生に役立ててください。」

　さて，ここで〈二つの約束〉について聞いてみます。社員のみんなはこの言葉を覚えているのでしょうか。紙に，この〈二つの約束〉を書いてみてもらいます。

　会議室の後方に常務をはじめ部長，課長など会社の上層部が座っていますが，明らかに動揺している様子がうかがえます。ある人はノートを見返したり，隣とヒソヒソ話をしています。

（そうか，社長の想いが全体に行きわたらない原因は，もしかすると役員席に座っている人たちかも……。）

　白紙のままバツが悪そうにしている社員もいますが，スラスラと書き

出している人もいます。しばらくして，書き終わっている人にお願いしました。

「あなたは，しっかりと書けたようですね。日ごろから社長の言葉を受けとめているからこそ，このような場で表現できるのだと思います。あなたの心がけはすばらしいと思います。それでは，なかなか書けずに困っている仲間がいますので，助けてあげてくれませんか。」

その入社2年ほどの若い女性は〈二つの約束〉の冒頭部分をスラスラと答えます。それを聞いて，なかなか書き込めなかった人たちは，いっせいに書き始めました。後ろの役員席の人たちも書いています。

続いて，やはりすでに書き終えていた中堅の男性社員にもお願いして，〈二つの約束〉の続きを読んでもらいました。その後も数人の人に登場してもらい，全員が書き上げることができました。

■自分の歴史

次のワークショップは，自分の人生を振り返えることです。人は誰でも自らが主役の人生を歩んでいます。そこで，過去から現在までに起きたエポックを思い返してもらうのです。このワークの目的は，自分自身の成功体験を再認識してもらうことです。そして，失敗体験から学んだ

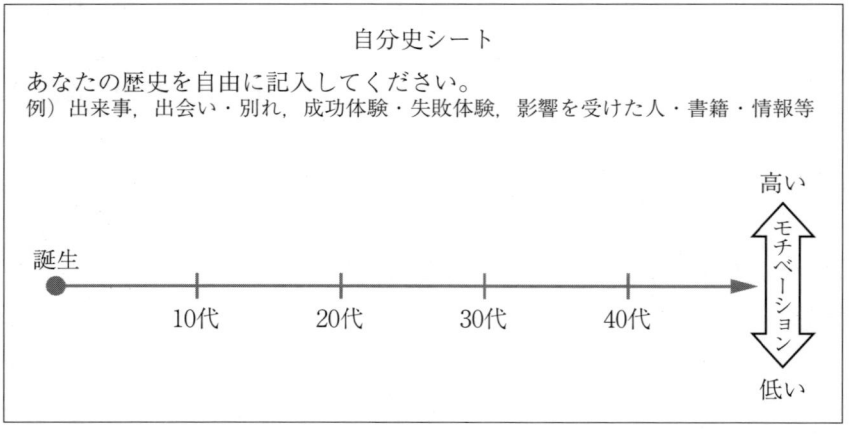

```
               自分史シート
あなたの歴史を自由に記入してください。
例）出来事，出会い・別れ，成功体験・失敗体験，影響を受けた人・書籍・情報等


                                           高い
                                            ↑
                                          モチベーション
  誕生  ●―――|―――|―――|―――|―――→
          10代  20代  30代  40代        ↓
                                           低い
```

(出典：㈲人事・労務)

次にあるべき姿を思い浮かべてもらうのです。

　忙しい毎日を過ごしていると，つい忘れてしまいがちになります。
「自分は何のために生きているのか。」
「何を心のよりどころにして行動しているのか。」
「誰の言葉や行動に感銘を受けて生きてきたのか。」
　自分史シートとは，それぞれの人生の出来事を時系列で書き込んでもらうシートです。誕生から始まり10代，20代……と続き現在までを書いていきます。そしていろいろな出来事のうち，モチベーションが高かった出来事を上に書き込みます。逆に，つらかった出来事やうれしくなかったことなどは，下に書いていきます。子供のころに褒められた経験や，高校受験でうまくいかなかったこと，クラブ活動ですばらしい先輩に出会えたことなど，どんどん思い出していくことになります。

　ここでも，スラスラ書き始める人もいますが，思い出すのに一苦労，という人もいます。

「皆さんはどうぞ書き続けてくださいね。私は，いまからそれぞれの年代でおこった事件や出来事を読み上げていきます。皆さんが忘れかけている思い出を浮かび上がらせることができるかもしれません。昭和26年の出来事です。この年に10円硬貨が発行され，日本テレビが放送を開始して街頭テレビが流行りました。」
「昭和38年は高速道路時代の幕開けです。翌年にはビートルズの曲が世界中で流行しました。」
「昭和43年は，ちばてつや「あしたのジョー」や永井豪「ハレンチ学園」が出版されました。」

　こんな風に声をかけると，会場から「へぇ〜」とか「まだ生まれてない」という声が出始め，和気あいあいとした雰囲気に包まれます。

　このようにして，それぞれの人生を振り返ってもらい，当時に何を考えていたのか，どんな価値観を持って生きていたのかをアウトプットします。そうすると，いい時もあり，悲しくつらい時期もあったことに誰

もが改めて驚きます。その中から、とくに成功体験を思い出してもらうのです。

■ **自分の価値観**

　自分史シートを書き終えたら、自分の価値観を書き出す作業に入ります。自分史シートを見返してもらい、とくに印象に残っている出来事を選び、自分が感じたことを、最初に渡した紙の右側の欄、「自分の価値観（⇔自分史シート）」に書き出していくのです。

　ここで、自分の人生においてもっとも大事なことがらが何なのか、しっかりとつかんでもらうようにします。この瞬間はとてもワクワクします。この価値観を見てみると、人によっていろいろな考えが出てきます。精神的な欲求をあげる人もいますし、物理的な欲求を満たすことを望む人もいます。人生哲学や将来の目標など、それぞれの考えが反映されていて、とても興味深いものになります。

■ **自分の価値観と会社の価値観の融合、それがダブルスタンダード**

　次に先ほど書いた会社の価値観のなかから、とくに自分が共鳴できるもの、または自分が目指したいもの、自分の理想と重なるものがありましたら、記入してください。

　全員、最初に書き込んだ会社の価値観をいっせいに読み直し、思い思

いに書き出します。社長が幾度となく言い続けてきた言葉〈二つの約束〉，それは，そのままでは，なかなか社員に伝わりませんでした。しかし今や，従業員一人ひとりが自らの言葉に置き換えています。まさに，社長の言葉〈二つの約束〉が"腑に落ちた"瞬間です。

「うちの社員は，自分のことを表現することが苦手だと今まで思い込んできたが，そうではなかったんだ。」

社長をはじめ取締役の表情がとても明るくなっています。いちばん若い取締役は，もう座ってはいられないとばかりに，自分の席を飛び出し，あちらこちらのシートを覗き込んでは，うなずいています。

会社の価値観を書き込んだら，次に自分自身の価値観を書きます。

「さて，最後の質問に来ました。皆さんは，2つの価値観を挙げましたね。この2つ価値観をつなげてみて，自分がどのような行動をしていくのかを，宣言していただきたいと思います。さあ，みなさんは，今この瞬間から何をしたらよいでしょうか？」

組織と個人が何をしていくのか，その向かうべき方向を合わせること，このことを我々は，「ベクトルを合わせる」と表現しています。自分で決めた行動が，そのまま組織の利益に跳ねかえってくることで，同僚や上司から認められ喜びを感じる。組織のベクトルと個人のベクトルをより強くつなぎ合わせて，何ができるかをみずから考えて行動するのです。

これが，「自律した社員」の姿です。自立ではなく，自律する。

自律した社員になりたくない人はいません。誰でもそうなりたいと思っているのです。しかし，いろいろな環境や要素によって，自身に足かせをつけてしまいなかなか前向きに考えることができないことも多いのです。

繰り返すようですが，会社のほうから，一皮向けることができる"しくみ"を作ることが必要です。このダブルスタンダードという"しくみ"は，自我に目覚め，自ら会社のベクトルを理解し，そして行動することができるという，とてもパワフルな考え方なのです。

Column

ことば ワールド・カフェとは？

ワールド・カフェとは，「知識や知恵は，機能的な会議室の中で生まれるのではなく，人々がオープンでリラックスした雰囲気の中で会話を行い，自由にネットワークを構築することができる『カフェ』のような空間でこそ生まれる」という考え方に基づいた話し合いで，最新のワークショップ手法です。

この手法は，アニータ・ブラウン氏とデイビット・アイザックス氏によって1995年に開発・提唱されました。現在，ワールド・カフェの思想や方法論は世界中に普及し，さまざまな分野で活用されています。

たとえば，アメリカの9.11同時多発テロにて被害に遭ったワールドトレーディングセンター跡地「グラウンドゼロ」の再開発の際，NY市民5,000人を集め，それぞれの意見を集約し，構想をまとめあげるときに使われました。

また，日本では，2009年に横浜開港150周年（Y150）のイベントとして，みんなで横浜の未来を語る「1000人ワールド・カフェ」が開催されました。これは市民の横浜への想いを集め，市の魅力をもう一度見つめなおす活動の一環として行われたものです。

【ワールド・カフェのすすめ方】

Rule 1　ひとつのテーブルに4〜5人がすわり，主催者から投

げかけられる問いに対して，カフェで会話するような雰囲気で参加者の思いを共有しながら，思いついたアイデアや言葉をテーブルクロスに見立てた模造紙に自由に書き込みます。

Rule 2　ホスト役の一人がテーブルに残り，その他の人は他のテーブルに移動します。

Rule 3　テーブルに残ったホスト役は新しいメンバーを向かえ，前のメンバーとの会話の内容を伝えます。新しいメンバーも前のテーブルの代表として前のテーブルでの話を伝え，話を広げていきます。

Rule 4　このプロセスを3回ほど行うことで，全体的に意見を集約します。

グランドルール

1、　楽しく議論する。
2、　肩書きや立場を忘れる。
3、　グチや文句を言わない。
4、　人の話をよく聴く。
5、　相手を否定しない。
6、　思い込みを捨てる。
7、　最後までやりきる。

第6章

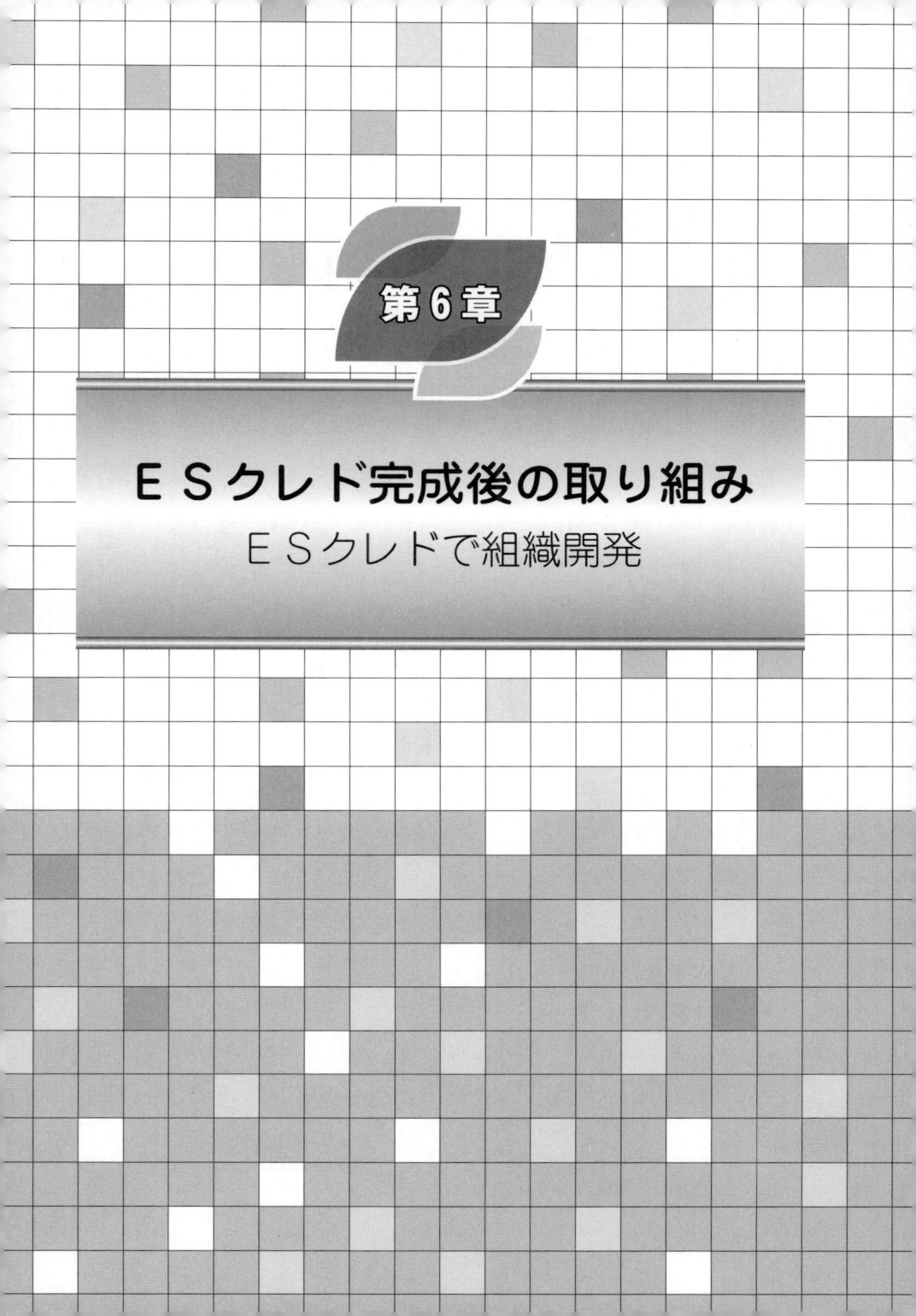

ESクレド完成後の取り組み
ESクレドで組織開発

第6章 1　ESクレドを活用した取り組み

　ESクレドをベースに，社員と組織の結びつき，社員同士の結びつきを強固にするための場作りを考えてみましょう。要件を挙げてみます。
- 再現性があること
- 継続性があること
- ESクレドに結びついていること
- 全体を巻き込む取り組みになっていること

　ESクレド完成後は，毎日，毎月，年といった短期～中期程度に分けて取り組みます。せっかくESクレドを作っても，それを活用していかないと全く活かされないという結果に終わります。

　ESクレドが完成してからがスタートです。具体的なES経営のツールとして有効に活用してください。

- 朝礼等での唱和
  　毎日ESクレドに触れる場を設け，まずは意味を理解しESクレドを常に意識する習慣を作る。
- 月1回のクレド・ミーティング
  　ESクレドをベースに，より良い組織を作るための改善活動。職場全体で毎月ミーティングを実施し，チームごとに設けた改善テーマの進捗・成果を発表する。
  　改善プロセスは「見える化」し，互いに承認しあいながら活動

を継続する。
- 習慣化プログラム（3カ月〜半年のスパンで実施）

　「ESクレドを意識して行動したときに得たエピソード」を付箋に書き出し，そのときにどんな心がけ・視点で行動したのかを発表しあう。その内容を踏まえ，自身の「行動習慣化目標」を設定しましょう。「ESクレド習慣化目標シート」を作成して，各自で書き込むようにするのが有効です。

第6章 2 デキる社員の行動スタイルをチームで共有する

1 毎日起きる"エピソード"を社内で分かち合う

　各自の「ESクレド習慣化目標シート」の題材は，自分が書いたものでなくてもよいので，「できる社員の行動スタイルを身につける」機会の喚起になります。ナレッジ・マネジメント（KM）の理論では，暗黙知を形式知にすることを説いていますが，その具体的な切り口のひとつとしての手法です。

　「成功体験記」では，いろいろな成功事例を記入してもらい，社員全員で共有しましたが，ESクレド作成後は将来に向かって，これから起きる様々な成功体験を共有できる仕組みを築きましょう。

○ ナレッジ・マネジメント（KM）

　社員それぞれが持っているノウハウや情報を会社（組織）全体で共有し，有効活用することによって業績向上を図る経営手法です。

　KMの考え方では，暗黙知をいかに形式知に変えていくかがポイントとなりますが，「成功体験記」を活用したESクレドの作成過程こそ，KMの実践のひとつになるのです。

> 形式知＝主に文章化，図表化，数式化などによって説明，表現できる単なるデータのことを指す。
> 暗黙知＝社員それぞれが有する経験則やノウハウなどのことで，企業風土（文化）という形で，会社内（部署内）で代々受け継がれていた。こうした暗黙知の共有・継承はかつての日本企業の「強み」でもあった。

2 社長のリーダーシップが成否を分ける

　経営者（リーダー）の資質として必要なことは，たとえば，
①ビジョン（方向）を示す，②全社員が社長が示した方向に向かったほうが得だという「良い環境」を用意してあげる，③誰よりも働く，といったことが挙げられます。

　どんなにすばらしいＥＳクレドが出来上がっても，それが動き出さないと効果は現れません。ＥＳクレドは，自ら考えて動く"自律型社員"をつくる有効なツールですが，そこへ導くのはトップマネジメントに他なりません。ひと言で言えば"社長の人間力"になりますが，目標に向かって社員と一緒に修羅場をくぐり，社員と一緒に涙する，といった一体感を築くことによって，社員を参画させる，巻き込むことができるのです。

第6章 3
ESクレドによる会社組織活性化事例の紹介

【(業種) 輸入住宅，注文住宅の建築設計業】　社員数15名

　1996年設立の建築会社で，神奈川県湘南地区を中心にお客様一人ひとりのライフスタイルに合った家を提供しています。

　当社では，ご家族の未来を深く考え抜いた，本来の意味で価値ある住宅を提供するという理念のもと，住宅取得に関するご相談から，プランの作成，設計，アフターメンテナンス，リフォームに至るまで，住宅に関することを総合的にサポートしています。今では徐々にファンを増や

していき，顧客からの紹介が全体の7割に達するまでになっています。

■ＥＳ（社員満足）経営を目指したきっかけ

社長はゼネコンの現場監督を10年ほど経験した後に，先代である父の会社を継ぐことになりました。突然のことで，経営はもちろん営業の経験もなかったのですが，会社を継いでから3年間はほとんど休まずに働きました。その結果，次々と仕事の依頼がくるようになり，社員も採用できるようになりました。

社長が先代の後を継いで5年ほど経ったとき，お客様からのクレームや社員との衝突がたび重なり，社員が次々と辞めていってしまいました。この当時，社長は本気で会社経営を辞めようと思ったそうです。しかし，お客様とのクレーム対応を通して，自分自身を変える必要性に気がつきました。それは，次のようなことでした。

社員を幸せにする仕組みづくりが必要だ，ということです。そうしたことから，コンサルタント会社に依頼して，様々な取り組みをスタートさせていきました。

■最初は失敗

1社目のコンサルティングでは，役に立ちそうな具体的な提案がなく，モデルルームを作ることを勧められるなど大企業向けの内容であり，仕事の達成感・満足感といった心の問題についての提案がなく，失敗に終わりました。

2社目のコンサルティングでは，1社目の反省から，社員のモチベーションアップを図るといった目的で導入しました。しかし，社員の意識調査などが中心で，どのようにして社員の意識を高めるのかといった具体的な基準作りやその運用までに至らず，どうしたらよいかと悩んでいました。

■ＥＳクレドの活用という切り口との出会い

社長は，もともと「クレド（信条・よりどころ）」については関心を持っていましたが，具体化の難しさという局面で悩んでいました。

社会保険労務士が「クレド」について話すのが新鮮だったということもありますが，「制度の構築も大事だが運用はもっと大事である」という運用の重要性の話を受けたことから，取り組んでみることにしました。

■**人事制度のキーポイントは"人間力"**

ＥＳ経営への取り組みにあたって最初に行ったことは，人事制度の構築です。建築業界では歩合制が主流なのですが，社長は違う考えを持っていました。それは「人間力」を重視し，成果評価である歩合の割合は低く抑えるというものでした。その結果，成果評価を行うのは賞与のみとし，しかも全体での割合は50％に抑えています。成果評価は，あくまで各社員に状況認識をしてもらうことが目的です。また，昇給については「人間力」で評価します。では，社長の言う「人間力」とはどういうものなのでしょうか。端的に言うと，仕事のプロセスや取り組み姿勢，仕事に関する専門知識，チームワーク，コミュニケーション（言葉遣いやあいさつ，感謝の気持ち）等を重要視することです。

また，評価項目の中には「労働時間短縮」というキーワードも入っています。長時間労働では家族と接する時間が短くなってしまいます。社員の幸せ＝社員の家族の幸せという考えから，会社が本気で時短に取り組むというメッセージを伝えるためです。

■**社員主体でのＥＳクレドづくり**

次に，行ったことがＥＳクレドづくりです。まず「成功体験記」をすべての社員に書いてもらいました。

最初のコンサルタントに依頼していたときも同じような取り組みをしていたのですが，何を目的とし，どのようなポイントで進めればよいのか，といった説明がなかったので，社員は気持ちを集中して取り組むことができなかったようです。今回は，成功体験記を書く目的が明確で，その目的のために，どのようなポイントで書くのか具体的だったので，社員の会社に対する思いがダイレクトに表現されたものが出来上がりました。

社長はこのときの成功体験記を読んで,「こんなに会社のことを思ってくれていたんだ」と思わず涙ぐんでしまうほど感動しました。もちろん,「それは,ちょっと違うだろう」という内容のものもありましたが,それも現状の姿として気づかされるものでした。

さらに，2つのチームに分けて，この成功体験記からキーワードを抽出する作業に移りました。「仕事を通して，このようなことに喜びを感じている」といった，日々の業務に埋没して見えなかった"社員の一面"がわかったことは，社長だけではなく，それぞれの社員にとっても新たな発見になりました。

　また，ＥＳクレドをつくる過程でも社員に変化が起こりました。成功体験記を通して，お互いがどのような人間なのかが理解できたことにより，相手に対して興味を持つことができたことです。その結果，以前と比べてコミュニケーションが活発になりました。ＥＳクレドは社員一人ひとりの思いを集めながら作っていきます。そのため，人から与えられたものではなく，自分たちで作っているんだという実感を共有できたということも，よい効果につながりました。

当社のＥＳクレド
1. 出会いに感謝し，共感・感動・共時性を生み出す仕事をします。
2. 初心を大切に，常に向上心・チャレンジスピリッツを持ちプロとして責任のある仕事をします。
3. 安心・安全を最優先に心のこもった家づくりをします。
4. 私たちは地域を愛し，愛される会社になります。
5. ありがとうの声を掛け合い，笑顔で楽しく満足のいく仕事をします。
6. お客様に家づくりを楽しんでいただき，最高の時間を共有します。
7. One for all, All for one

■ＥＳクレドを人事評価へ反映させる

　社長は，当初からＥＳクレドを人事制度にリンクさせることを考えていました。その理由のひとつは，社員のＥＳクレドへの意識を高めるためです。ＥＳクレドに基づいた行動をする社員を評価し，逆にＥＳクレドに基づかない行動をする社員を注意することができます。今まではミスをしてもその場で注意するだけだったので，注意を受けた社員が何度も同じミスを繰り返すことがありました。しかし，ＥＳクレドにより行

動基準を明確にすることで，ミスをして注意を受けた際にも，本人も納得し，早期の改善が可能になります。

　また，ESクレドは，「会社で働く社員の信条」，「仕事に取り組む上でのよりどころ」であるので，直接的な人事評価項目にはなりにくい面もあります。そこで，ESクレドを基にした人事制度と切り離された制度として，MVP制度を設けました。MVP制度とは，「あの人のおかげでいい仕事ができた」という縁の下の力持ち的な社員をみんなで選んで表彰する制度です。こうした取り組みを通じ社員のESを高めることで，仕事を通じて社会に貢献し，「社会に存在する意義のある会社」づくりを進めています。

　■ESクレドを利用しての組織づくり
　現在では，月1回のコンサルティングを通して，ES（社員満足）経営について，いろいろな取り組みを行っています。自由に意見をし合える雰囲気の醸成や，社内での自然発生的なミーティングが続いていること，部門別ミーティングが活性化してきたのも大きな効果のひとつです。社員みんなで作ったESクレドですので，それを推進していくことが，

そのままＥＳクレド浸透のためのさまざまな活動につながっているのです。

　ＥＳクレドを作ったからといって，ＥＳクレドに基づいた行動がすぐに身に付くものではありません。ましてＥＳは自動的に向上するものではありません。ＥＳクレドを浸透させるためには，たとえば毎朝ＥＳクレドを読み，ＥＳクレドに基づいた行動目標を報告し，業務日報で振り返るといったことを習慣化することによる，"繰り返し"が大切です。

　ＥＳクレドを作ったことによって，いつでも原点に帰ることができる，原点を持っている会社は強い，と言えます。この「原点に帰る」とは，どういうことでしょうか。ＥＳクレドを読むことで，ＥＳクレドを作ったときに，どういう気持ちで取り組んでいたのか，そこで何を感じたのかを思い出すことができます。まさしくＥＳクレドが，社員が仕事をしていく上での信条やよりどころであり，会社から社員に与えられたものではなく，社員一人ひとりが仕事をする上で大切にしている考え方や価値観だということです。そして，この価値観は未来永劫，会社の企業風土や社風として脈々と受け継がれていくのです。

　しかし，ＥＳクレドが浸透していくにつれて，別の問題点も生まれてきています。たとえば，周囲に感動（満足）を与えようとするあまり，コスト意識が薄らいでいくといった問題です。しかし，これは裏返せば，それだけＥＳクレドが浸透してきた証拠です。スポーツの競技でも，練習時には大げさなほどに意識して身体に叩き込みます。ＥＳクレドも，浸透するまでは徹底的に社員の満足状態を作り上げて，顧客を含めた周囲の関係者に満足を与えられるように導きます。そもそもＥＳクレドは，社員主体のボトムアップで作成しますので，"コスト"意識という観点はなかなか出てきません。しかし，作成時点ではこれでよいのです。作成時に指摘して"変えさせる"よりも，運用しながら"気づかせて"いくことが重要なのです。

■ダブル・スタンダードによりＥＳ経営を確立する

　朝礼ですでに実施していることとして，労働時間短縮についての取り組みがあります。朝礼では，本日の業務内容を確認するのですが，それと合わせて，何時に仕事を終えて帰宅する予定なのかについても，発表することにしています。こうした取り組みを始めて間もなく退社する時刻が早まるなど，効果は現れてきています。

　"練習"で，ある程度ＥＳクレドが浸透したら，今一度"経営理念"を再確認して，我々の活動の根拠地である"会社"の存続を考えていく時間をつくります。コスト意識の浸透というテーマに関しては，会社を"船"に見立てて，社員を"クルー"と表現することにしました。当社では，就業規則でも従業員（社員）を"クルー"と表現しています。お客様に喜んでいただくために仕事を進めていくことは重要ですが，採算度外視して仕事を進めると，そのうち"船"は動かなくなってしまいます。そうなってしまっては，今後出会うはずのお客様に喜んでもらうことができなくなってしまいます。それでは，ＥＳクレドの価値観を表現できない，という考え方です。

ダブル・スタンダード（☞P. 101参照）とは，要するにバランスの問題です。帆船が航行するときは，ジグザグに進んでいきます。帆船は，方向を一つに絞るとまっすぐ進むことができません。目標を目的地の方向の両側に2つ設けて，それぞれの目標に交互に進んでいくことによって，その間にある目的地の方向に向かうのです。会社の価値観である経営理念と社員の価値観であるＥＳクレド。この2つを両軸として，仕事を進めながら両輪として回していくのです。この「ダブル・スタンダード」の確立こそがひとつの終着点であり，ダブル・スタンダードを回し続けることが，ＥＳ経営を続けていくということになります。

プロフィール

【執筆者プロフィール】

●中筋宣貴（なかすじ ひさたか）
特定社会保険労務士
横浜労務総合オフィス代表
日本ES開発協会広報委員会委員長

建材メーカーの総務職を経て，社会保険労務士として開業。
人的資源管理における会社が抱える悩みに対して具体的に対応することを得意としており，会社の発展に不可欠な「社員の目を会社ビジョンに向かわせる」人事制度の構築・運用に力を入れている。

●石川　勲（いしかわ いさお）
社会保険労務士
いしかわ社会保険労務士事務所代表
日本ES開発協会実行委員会委員長

通信機器メーカーの技術職，営業職を経て，社会保険労務士として開業。
各個人がいかに会社と共感し，業務を自ら積極的に行うようにするかが組織活性化のポイントであると考え，ES（従業員満足）型経営の実現を通して，従業員からも喜ばれる組織づくりを支援する。また，メンタルヘルスも含めた，人間力向上などのコンサルティングを手掛ける。

●小宮山靖行（こみやま やすゆき）
特定社会保険労務士
小宮山社会保険労務士事務所代表
日本ES開発協会実行委員会副委員長

リゾートホテルでの営業職，レジャー関連会社での人事・経理職を経て，社会保険労務士として開業。
「社員が仕事を通じて成長することが会社の成長であり利益を生む」という考えに基づき，会社を多面的に捉えそれぞれのケースに対応した"しくみ"を用意してコンサルティングを展開。法律を順守しつつ十分に会社を生かし，かつ社員が活き活きと働くことができる職場環境づくりに取り組む。

【監　修】

●**金野美香**（きんの　みか）
有限会社人事・労務ヘッドESコンサルタント
JCDA認定キャリア・デベロップメント・アドバイザー
日本ES開発協会専務理事

日本初のESコンサルタントとして企業をはじめ大学・商工団体で講師を務めるなど幅広く活動する。「会社と社員の懸け橋」という信念のもと，ES度診断「人財士」を活用した独自のES組織開発プログラム「クレボリューション」やリーダー向けコーチング，若手社員のキャリア構築等に取り組む。社長のおもいと社員のおもいを結び付け一人ひとりに気づきを与える施策として定評を得ている。

挿絵協力　ひすけ（鈴木ヒデユキ）

【日本ES開発協会とは】

日本ES開発協会（JES）は，日本初のES（Employee Satisfaction）を軸に「日本の未来の"はたらく"を考えよう」を合言葉に集った経営者，社会保険労務士等の専門家の組織です。「社員と企業の成長が協奏する社会」「人材力を基盤とした社会」「元気で思いやりあふれる社会」を築くため，日本各地の企業や商工団体，学校機関等でのES活動に注力し，「人と環境にやさしい持続可能な経営」を実現することを目指します。

http://www.jinji-es.com/index.html

著者との契約により検印省略

平成22年10月1日　初版第1刷発行

小さな会社だからこそ、できる！
ESクレドを使った組織改革
―社員の気持ちを仕事に向ける、
　　　　ちょっとしたシカケづくり―

著　者　　中　筋　宣　貴
　　　　　石　川　　　勲
　　　　　小　宮　山　靖　行
　　　　　金　野　美　香
　　　　　日本ES開発協会

発 行 者　　大　坪　嘉　春
製 版 所　　美研プリンティング株式会社
印 刷 所　　税経印刷株式会社
製 本 所　　株式会社　三森製本所

発行所　東京都新宿区　　株式　税務経理協会
　　　　下落合2丁目5番13号　会社
郵便番号　161-0033　振替 00190-2-187408　電話 (03) 3953-3301 (編集部)
　　　　　　　　　　FAX (03) 3565-3391　　　 (03) 3953-3325 (営業部)
　　　　　URL　http://www.zeikei.co.jp/
　　　　　　　乱丁・落丁の場合はお取替えいたします。

Ⓒ　中筋宣貴　2010　　　　　　　　　　Printed in Japan

本書を無断で複写複製（コピー）することは、著作権法上の例外を除き、禁じ
られています。本書をコピーされる場合は、事前に日本複写権センター
（JRRC）の許諾を受けてください。
JRRC〈http://www.jrrc.or.jp　eメール：info@jrrc.or.jp　電話：03-3401-2382〉

ISBN978―4―419―05486―1　C2034